JN415091

고대·중세로 떠나는

# 서양 철학사

김숙복 저

(주)백산출판사

# 머리말

어렸을 적 아침 조회시간에 문뜩 '내가 죽으면 어디로 갈까?'라는 생각을 하다 쓰러진 적이 있었다. 지금 기억으로는 깜깜하고 어두운 땅속에 누워 있는 나의 모습을 보면서 기억을 잃었던 것 같다. 당시에는 두려움과 공포에 쌓이면서 순간적으로 쓰러진 것이다.

지금 돌이켜보면 나는 역시 어렸을 때부터 철학과 관계가 있었고 대학에서 교육학을 수학하면서도 철학시간이 제일 재미있었으며 대학원에서도 세부적으로 철학을 전공하였다.

대학시절 교양철학시간에 열심히 강의하시던 하기락 교수님께서 철학이란 무엇인가, 우주는 어떻게 구성되었는가? 등 당시에는 어려웠을 법한 수업을 재미있게 듣곤 했다.

또한 80년대 유신독재시절에 대학을 다녔던지라 젊은 혈기로 개인을 버려두고 국가와 민족의 바람직한 앞날을 기대하면서 철학에 몰두하여 거리를 돌아다니거나 혹은 막걸리집을 다니면서 열심히 토론하다 지쳐서 잠을 잔 적이 하루 이틀이 아니었다.

당시에는 멋도 모르고 대학생이라면 모두가 거치는 일종의 입문활동이라 생각하며 철학에 대한 지식도 없이 고민과 번민으로 가득하였던 시절이 이제는 웃음밖에 나오지 않을 정도로 초라하게 느껴진다.

이제는 그런 시절을 접어두고 강의를 한 지 20여 년, 학생들의 인문학적인 지식을 생각하니 가슴이 아프다. 주입식 교육과 성적 위주, 암기 위주의 교육으로 인하여 우리가 기본적으로 알아야 할 지식과 지혜들을 팽개친 채 취업 위주로 혹은 직업 위주의 교육으로 인하여 신입생 및 재학생들이 마음의 양식을 버리고 생활하는 모습을 보며 매우 실망감을 느끼곤 한다.

현대사회는 정치, 문화, 교육, 과학 등 우리가 따라가지 못할 정도로 빠르게 변화하고 있다. 이러한 변화로 기존의 질서와 전통적인 가치 등이 무력화되고 있으며 과거와 현대는 공존할 수 없는 문화적인 gap이 있는 것이 사실이다. 이러한 시대적 상황에 가장 적합한 지식과 지혜를 학생들에게 심어줄 수 있는 학문이 무엇일까?라는 고민을 현장에서 많이 할 것이다.

또한 이러한 시대에 올바른 삶을 영위하고 민주적인 가치를 드높이며 마음을 편히 하고 미래에 대한 두려움을 잠재울 수 있는 것은 무어라 해도 철학이라는 것이다. 오늘날 남녀노소를 보면 철학의 부재로 삶의 가치를 느끼지 못하고 현대사회에서 무작정 고아로 살아가는 모습이 안타까울 따름이다.

이 책은 이와 같은 동기에서 집필하기 시작하였다. 오늘날 온 사회는 가치관의 혼란과 물질만능주의로 사회구조적인 문제들을 노출하고 있는 실정이다. 따라서 이러한 위기를 타개하기 위한 목적으로 과거 선인들의 사색과 탐구정신을 위주로 교육적으로 타개하는 것이 가장 현명할 것이라 생각하여 집필하게 되었다.

이 책을 집필함에 있어 선, 후배들의 저서와 논문들을 참고하였으며 특별히 저의 은사이시며, 현재 퇴직하여 대구 팔공산 자락에서 후배들을 양성하고 계시는 신득렬 선생님의 저서를 많이 참고하였다.

시간상 제약으로 인하여 참고서적과 각주는 참고문헌으로 대신하게 됨을 사과드리며, 이 책은 강의를 목적으로 했음을 양해해 주시기 바란다. 모자라는 점들은 후에 다시 정리할 것임을 약속드린다.

또한 이 책을 쓸 수 있도록 도움을 주신 출판사 대표님과 오성은 박사님께 진심으로 감사드리며 감수위원들과 창원문성대학교 간호학과 학생들에게도 심심한 고마움을 표한다.

# 차례

| 제1장 |

**철학의 탐구영역**



| 제2장 |

**고대철학**

Contents

제1장

# 철학의 탐구영역

1. 철학의 이해
2. 가치론
3. 존재론
4. 인식론
5. 논리학

고대, 중세로
떠나는
# 서양철학사

# 제1장

# 철학의 탐구영역

## 1. 철학의 이해

길거리를 가다 보면 심심찮게 작명관, 사주팔자, 주역연구 등의 철학관이라는 간판을 쉽게 볼 수 있을 것이다. 그러나 간판을 보면서 우리는 무엇하는 곳인지는 알면서도 철학이라는 것은 무엇인지 생각하지 않는다. 철학이라는 말에 대하여서는 흔히 많이 사용하는 용어이지만 실제로 철학이라는 용어에 대해서는 깊이 생각하지는 않았을 것이다. 다시 말하면 저 아이는 '철학적이야'라고 많이 사용들은 하지만 어떤 인간이어야 철학적인 것이라 말하려고 하면은 망설이는 경우가 많이 있을 것이다. 결론적으로 말하자면 우리는 모두가 철학적인 삶을 살아가고 있지만 가슴 깊이 새겨두면서 살아가고 있지는 않다는 것이다.

철학은 하나의 학문이다. 그러나 학문이라고 해서 정규학교를 통한 모든 배움이 아니라 개인이 살아가면서 배우고 느끼고 경험하고, 생각하는 모든 행위 등을 철학의 한 분야라 보아야 할 것이다. 따라서 삶의 전부가 철학적 행위라 볼 수 있다는 것이다.

철학적인 대상에는 모든 것이 포함되어 있다는 것이다. 인간이 살아가면서 갖고 있는 경험과 호기심들을 밝혀내려는 활동을 끊임없이 하고 있는 존재이기 때문이다. 이와 같은 행위를 하지 않는 인간은 죽은 존재이고 본능적인 삶에 충실한 동물들과 마찬가지이기 때문일 것이다.

인간이 동물과 다른 점은 생각할 수 있는 자유와 능력을 부여받았기 때문이다. 따라서 우리가 살아가면서 부딪히는 모든 문제들을 사유하며 인간답게 살아갈 수 있는 이성을 가지고 있다는 점이다. 예를 들면 '우리는 왜 살아야만 하는가', '우주는 무엇으로 구성되어 있는가', '죽음이라는 것이 무엇인가', '이 세계에 존재하는 한 어떠한 삶을 살아야 하는가?' 등을 끊임없이 탐구하려는 욕구를 가진 존재이기 때문이며 이는 동물에게서는 기대할 수도 없는 사유이기 때문이라 할 것이다.

이러한 이유를 철학의 개념에서 찾아볼 수 있는데 우선 철학이라는 개념은 사전적 용어로서 다음과 같다.

철학이라는 것은 진리를 추구하고 지적 호기심을 탐구하는 것이라 정의를 하고 있다. 이 용어는 철학의 어원에서 찾아볼 수 있는데 철학이라는 영어로서의 의미인 Philosophy는 희랍어인 Philosophia에서 유래하고 있으며 이는 사랑을 의미하는 Philos와 지혜, 지식을 뜻하는 sophos의 합성어이기 때문이다. 다시 말하면 철학이라는 용어는 지식과 지혜를 사랑하는 것을 의미하며 철학자라는 말은 지식과 지혜를 사랑하는 자(A Lover of Knowledge and Wisdom)를 의미하기 때문이다.

따라서 인간이라면 누구나 모두 지식과 지혜를 추구하고 해결하려는 욕구를 가지고 있기 때문이다. 이러한 의미에서 우리는 철학이란 어렵게 느낄 필요가 없으며 항상 우리 곁에 있기 때문이다. 다시 말하면 우리 곁에 있지만 아무런 느낌 없이 사용하기 때문이다.

철학이라는 행위는 남녀노소를 가릴 것 없이 항상 추구하고 있으며 여러분들이 평생 동안 추구해야 할 덕목인 것이다. 이러한 연유에 의해 끊임없이 추구해야 할 의무인 셈이다.

그럼에도 불구하고 우리가 철학이라는 학문에 관심을 기울이지 않는 이유는 용어 자체에서 주는 막역함 혹은 난해한 학문이라는 선입견을 가지고 살아가고 있으며 바쁘게 변화하는 과학기술의 발달로 인하여 이러한 사유의 활동은 삶의 필수적인 요건에 도움이 될 수가 없을지도 모르기 때문이다. 다시 말하면 우리의 삶을 살아가는 데는 필요한 요건인지도 모르지만 반드시 갖추어야 할 행위는 아닐는지도 모르기 때문이다. 철학의 개념에서 보듯이 누구나 철학을 하고 있다는 사실 자체도 잊어버리고 살아가기 때문일 것이다.

'철학을 한다.'는 것은 사고를 하고 있다는 것이며 그러한 사고의 형식은 지적 호기심을 해결하기 위하여 문제를 제기하고 의문에 대한 해답을 꾸준하게 찾으며 비판적인 사고를 한다는 것이다. 철학은 사색의 학문이며 모든 우주의 만물과 호기심을 끝까지 추적하여 원리를 밝혀내어 의문을 해결하려는 학문이라는 것이다. 따라서 당연히 받아들여야 하는 상식이나 진리를 다시 한 번 의문을 품어 걸러내는 경이의 학문이라 할 수 있다.

또 하나는 인간은 살아가면서 수많은 문제들과 마주치게 된다. 그 과정을 통하여 사물의 현상을 심도 깊게 찾아낼 수 있는 사색의 과정인 것이다. 따라서 우리는 항상 이렇게 할 수 있는 사고의 훈련을 가져야 하며, 이를 통하여 진리를 맛볼 수 있도록 해야 할 것이다. 이것이 진정한 철학을 한다는 것이다.

철학을 한다는 것은 어려운 일이 아니다. 우리가 가볍게 지나칠 수 있는 물음조차도 철학을 한다는 것이다. 예를 들면 '우리는 과연 무엇 때문에 살아가야 하는가?', 혹은 '1+1=2라는 답이 과연 정답일까?', '어떤 일을 선택할 때 무엇 때문에 그 선택을 하여야 하는가?', 혹은 '우주 만물은 어떻게 생성되었으며 무엇으로 이루어졌을까?' 등의 생각은 항상 우리 곁에 머물러 있어서 우리를 혼란스럽게 하고 혹은 그 답을 찾기 위해 방황하면서 지내왔기 때문이다.

이러한 행위들을 살펴보기 위한 방법으로 우리는 과연 철학이라는 학문은 무엇을 탐구하는 것인지를 구체적으로 살펴볼 필요가 있다.

철학은 과학과는 엄연히 다른 학문이다. 이는 과학은 사실에 근거하며, 존재하고 있는 것들을 문제 삼는 학문이다. 이와 반대로 가치 자체를 문제 삼으며 근본적인 물음을 끊임없이 제기하고 사색하는 것이 철학이라 할 수 있다. 이는 역사적으로는 철학이라는 학문은 모든 학문에 있어서 최고의 학문으로서 지위를 누렸으나 근세에 이르러 자연과학의 발달로 인하여 일부 학문들이 차례로 세분화되기 시작하였다.

그렇다고 하여 철학과 과학은 결코 따로 떼어 설명하는 것은 아니다. 왜냐하면 철학도 마찬가지로 지식을 목적으로 하고 있다는 것이다. 단지 지식을 추구하는 탐구방법의 차이일 뿐이라는 것이다. 과학의 연구 결과로 얻어진 지식과 경험들을 새로운 시각들을 찾아내어 끊임없이 개혁을 이루어가야 하기 때문이다. 인간이란 존재는 끊임없는 호기심을 탐구하려는 정신상태를 세 가지 지니고 있는데, 이것은 개방정신(open-mindedness), 공허한 정신(empty-mindedness), 폐쇄정신(closed-minded)이라고 할 수 있다.

다시 말하면 나의 마음속에는 "항상 당신을 기다리고 있겠으니 언제든지 방문하여 주십시오!"라는 것이 개방정신이며, 공허한 정신은 나의 마음속에는 아무것도 없으니 들어오라는 것을 의미하며, 폐쇄정신은 이미 답을 지니고 있어서 다른 사람의 의견을 들을 공간이 없으니 나가라는 의미를 지니고 있다는 것이다.

이 세 가지 가운데서 철학을 한다는 것은 어떠한 마음을 가져야 하는가에 대해서는 분명하게 알 수 있을 것이다. 인간은 언제나 지적 호기심을 충족하기 위하여 살아가는 존재라고 위에서 서술하였다. 따라서 철학을 한다는 것은 개방된 마음상태를 말하는 것이다 이는 마음을 열어두어 어느 것이든지 받아들일 준비가 되어 대화와 사고를 할 수 있는 준비를 해놓아야 한다는 것이다.

현대인들에게는 이러한 정신이 부족한 것이 분명하다. 무지와 편견, 독선들로 둘러싸여 있어서 타인과의 대화나 소통이 부족한 모습을 정치, 경제, 사회, 문화 그리고 교육 등에서 흔히 볼 수 있다. 오로지 대화나 소통을 할 의지가 있는지도 매우 의심스러운 상태에 있다. 어떤 문제에 대하여 사고를 통하여 해결하는 것이 아니라 힘을 가진 자, 자신의 이익에 따라 움직이며 자신의 폐쇄된 마음상태를 개방하려는 의지가 보이지 않는 노예상태로 살아가고 있는 것이 사회 전반에서 나타나고 있다.

따라서 본 장에서는 철학은 어떤 학문인가를 논의하고자 한다. 다시 말하면 구체적으로 무엇을 연구하는 학문인가를 보려는 것이다.

철학의 연구영역이 저자에 따라 다르지만 여기서는 구체적으로 가치론, 존재론, 인식론, 논리학, 형이상학으로 나눌 수 있을 것이다.

## 2. 가치론

가치론은 '가치란 무엇인가'라는 문제로 매우 복잡하고 다양해서 쉽게 정의를 내릴 수 없는 용어이다. 우리는 사회생활을 하는 가운데 항상 무엇이든지 선택할 경우가 종종 발생한다. 따라서 어떤 것이 가치 있는 결정인지, 보다 더 가치 있는 것은 무엇인지, 또한 가치순위를 정하는 데 있어서 우선순위가 무엇이며 이것을 결정하는 기준은 무엇인지 등을 알기 위해서는 가치가 무엇인지를 알아보는 것이 우선이다. 어떤 것이 가치 있는 일인지도 여러 견해가 있는 만큼 가치 자체가 무엇인지에 대해서도 많은 견해가 있다. 즉 가치의 정의도 여러 가지이다. 20세기 영국의 철학에 있어서 가장 뿌리 깊은 영향을 끼친 철학자 무어는 "가치라든가 선은 객관적이고 비자연주의적이고 단순하고 정의할 수 없는 술어"라고 가치의 정의를 내렸다. 그는 가치의 성질은 비자연주의적이며 단순하고 정의할 수 없다고 규정한다. 그리하여 가치는 대상 속에 깃들어 있는데 그 대상이 가치인 것이 아니고 내가 그 대상을 어떻게 보는가?에 달려 있다고 한다. 현재 사전에 정의되어 있는 가치론은 가치의 본질, 가치판단의 기준, 가치와 사실의 관계 따위를 다루는 이론이다.

다시 말하면 가치론은 선과 악, 정의와 불의, 목적과 수단, 미와 추의 문제에 관하여 판단하고 사유하는 윤리학이고 미학의 철학적 분야라고 할 수 있다. 이는 무엇이 참의 명제이며 아름다움과 추함의 근본 기준이 무엇인가? 혹은 바른 행위란 어떤 것이며 선과 악의 원리를 밝히려는 영역에 포함될 수 있는 윤리학과 미학이 여기에 해당된다고 볼 수 있다.

## 3. 존재론

존재론이란 이 우주를 형성하고 있는 실체가 무엇이며 무엇이 궁극적으로 존재하는가를 밝히려는 사변적이고 이론적인 활동이라 볼 수 있다. 다시 말하면 우주를 파악함으로써 인간은 어떠한 존재인지를 밝히려 하고 있으며 이를 통하여 인생과 우주에 대한 전체적인 안목을 제시하여 주는 형이상학적인 탐구영역이라 할 수 있다.

이는 철학의 영역이 시작되고부터 꾸준하게 제기되고 있는 문제이며 일종의 초과학적이며 초경험적인 활동으로 보는 영역이라 볼 수 있다.

고대 철학으로부터 제기하고 있는 가장 초기의 학문으로서 이 우주는 변화하고 있을까? 혹은 이를 가능하게 하는 원동력은 무엇일까? 그리고 변화하지 않는 세계는 과연 어떠한 세계일까? 혹은 그러한 세계는 과연 존재할까?라는 의문을 해결하려 하며 탈레스를 비롯한 소크라테스, 플라톤, 아리스토텔레스 등의 고대철학자들이 끊임없이 제기한 문제라 볼 수 있다.

## 4. 인식론

인식론이란 철학이란 확실성을 추구하는 학문이기에 초기에서부터 지식을 화두로 삼는 인식론은 철학의 중요한 줄기를 이루게 된다. 고대 그리스 철학의 대화편을 보면, 철학자의 주장은 다른 철학자에 의하여 도전을 받게 되고, 결국 이 도전은 당신이 그것을 아는가에 대한 도전의 모습을 지니게 된다. 이 질문은 자연스럽게 안다는 것은 무엇인가?를 생각하게 만들고, 더 나아가 도대체 우리가 세상에 대하여 아는 것이 얼마나 되는가?라는 질문으로 연결된다. 확실성에 대한 탐구와 더불어 인간의 고유성에 대한 생각도 철학자들로 하여금 지식에 대하여 관심을 갖게 만들었을 것이다. 우리는 일상생활에서 여러 문제에 봉착하게 되는데, 이를 해결하기 위해서는 여러 가지 앎을 필요로 한다. 예를 들면 어떠한 행위를 할 때 행동도 앎을 전제로 한다. 공부를 하는데도 이것이 단순히 하는 것이 아니라 그 내용이 맞는 것인지, 아닌지를 식별하고 잘못된 길을 피하고 궁극적으로 바람직한 방향으로 가고 있는가를 생각하고 행동할 것이다. 이러한 여러 앎이 전제되지 않고서는 우리는 단 한 가지 행동도 할 수가 없다. 물론 앎에는 이런 일상적인 앎뿐만 아니라 학문적 연구를 통해서 얻는 고차원적인 지식도 있다. 그러나 그것이 어떤 것이든 앎에는 아는 자와 알려지는 것이 있게 마련이다. 이러한 것들을 밝히려는 노력이 인식론이라고 할 수 있다.

다시 말하면, 무엇이 참된 것인가?를 궁극적으로 탐구하여 인간의 행동을 참된 길로 이끌어주는 지식론 혹은 인식학이 여기에 속한다고 볼 수 있다. 즉 인식에는 인식의 주관과 객관의 두 요소가 있다. 따라서 안다는 것은 주관이 객관, 즉 대상을 아는 것을 말한다. 이때 우리의 관심은 대상을 향하고 있다. 그러나 우리는 이 관심을 대상에서부터 앎 자체에로 옮길 수도 있다. 그러면 우리는 그 앎이란 과연 어떤 것이며 그것이 어떻게 이루어지는가를 살피게 된다. 이와 같이 통상 대상으로 향하고 있는 우리의 관심을 앎과 앎의 작용 자체에로 돌림으로써 우리는 인식론이라는 특수한 분야에 들어서게 된다. 인식론이란 Theory of knowledge로서 '지식에 관한 이론' 또는 인식론을 뜻한다. 그것은 지식이 자기 자신을 반성하여 문제 삼는 데서 이루어진다. 인식론은 지식의 자기반성 이라고도 말할 수 있다.

또한 인식론은 참과 거짓은 무엇이며 어떻게 구별되며 알고 있다는 것은 어떠한 과정을 거치는가에 관심을 가지는 영역이라 볼 수 있다. 여기에는 합리론, 경험론, 직관론 혹은 실용주의론 등이 있다. 경험론이라는 것은 어떠한 사물에 대한 지식을 알려고 할 때 오직 우리가 가지고 있는 오성의 힘을 빌려 접촉과 경험을 통해 사물을 인식하는 것이며 합리론은 우리의 감각은 착오를 일으킬 수 있기 때문에 믿지를 못하며 오로지 인간이 가지고 있는 이성을 통해서만 확신할 수 있다는 것이다. 직관론이라는 것은 우리가 알고 있는 사물에 대한 지식은 절대 변함이 없어서 누구나 직관에 의해서 파악될 수 있는 입장이다.

그럼에도 불구하고 우리가 알고 있는 사물에 대한 지식은 인간의 이성도 감각도 착오를 일으킬 경우가 있으므로 증명되고 유용한 것이 어떠한가에 따라 인식이 달라질 수 있다는 견해가 실용주의 혹은 실험주의 입장을 취하는 경우가 있다.

우리 인간이 자연세계의 진리를 파악해가는 데에 우리는 때로 감각경험을 사용하기도 하고, 때로는 수학적 진리를 파악하는 데서 볼 수 있듯이 경험과는 전혀 다른 이성이라는 능력을 사용하기도 한다. 이제 세계에 대한 지식을 개인들이 자신의 능력에 의하여 구성해 나아가고자 할 때 경험과 이성 중에서 어떤 능력을 우선적으로 신뢰하며 나아갈 것인가? 기본적으로 실용적이고 구체적인 성향이 강한 영국인들은 경험에 방점을 두어 경험론의 흐름을 만들고, 반면 상대적으로 사변적이고 관념론적인 성향이 강한 유럽 대륙의 철학자들은 이성을 강조하며 이성론 또는 합리론의 흐름을 구성하게 된다. 이후 거의 200년에 걸쳐 서양철학은 인간의 인식능력에 대한 탐구, 즉 인식론이 시대를 풍미하게 된다.

## 5. 논리학

논리학이라는 것은 말이나 진술을 뜻하는 로고스에 대한 학문이다. '로고스(logos)'라는 단어는 '진술하다.'라는 더 근원적인 의미에서 잘 이해될 수 있는 번역을 통해 매우 많은 의미들, 즉 '한데 모으다', '진술하다' 그런 다음 '낱말과 논의를 통해 진술하다'라는 의미를 갖는다. 논리학의 본격적인 시작이 아리스토텔레스로부터 비롯되었다는 것은 철학사의 상식에 속한다. 아리스토텔레스 사후 사람들은 그가 작성한 일련의 문헌들이 여타의 학문들을 위한 유용한 도구가 된다고 여겨 그것을 오르가논이라 불렀다. 이런 생각은 역사를 거듭하면서 정착하였고 마침내 논리학은 모든 학문과 사고에 정당성을 마련해 주는 토대학문으로 간주되기에 이르렀다. 다시 말해 논리학을 통해 구축된 공리들과 규칙들이 모든 학문의 또는 올바른 사고의 기준으로 여겨진 것이다.

다시 말하면 우리가 어떠한 사물의 실체에 대한 결론에 도달하였을 때 결론을 도출하는 사고의 과정은 어떻게 이루어졌으며 타당성이 있는가를 검토하는 철학적 노력을 말하는 것이다. 이러한 노력의 과정으로 논리학에서는 연역법과 귀납법을 들 수 있는데 연역법이라는 것은 추론이 확실하고 진실된 전제들로 또 다른 결론을 도출해 내는 추론방법을 말한다. 이는 다음과 같은 예의 방식으로 설명될 수 있다.

모든 사람은 죽는다. - 대전제
홍길동은 사람이다. - 소전제
그러므로 홍길동은 죽는다. - 결론

이는 보편적 원리인 '모든 사람은 죽는다.'로부터 시작하여 '홍길동은 사람이다.'라는 소전제를 통하여 대전제의 개념에 대한 결론인 '홍길동은 죽는다.'라는 결론에 도달하는 방법이라고 할 수 있다.

대전제가 진실인 한 추론의 증거와 추론 자체로부터 나온 결론은 거짓이 될 수 없다. 이때 전제가 결함을 갖고 있더라도 추론은 유효하다고 말할 수 있다. 하지만 이러한 연역과정에 있어서 어떠한 부분이 빠져서 불완전한 구성을 갖고 있다면 이는 연역추론으로써 무효하다고 말할 수 있다. 연역법은 3단 과정 중 2번째 과정이 빠져도 1, 3단계로써 2단계를 쉽게 알 수 있다는 특징을 갖고 있다. 그러나 연역법에 의해서 얻어진 지식들은 위에서 보았듯이 결론은 대전제의 일부분이기 때문에 결론이라고는 할 수 없다는 것이다.

귀납법이라는 것은 개개로부터 구체적인 사실들을 관찰을 통해 보편적인 원리나 사실들을 밝혀내려는 논리적 방식이다. 이는 다음과 같은 예로써 설명할 수 있다.

홍길동은 죽었다. 이순신도 죽었다. 김구 선생도 죽었다.
홍길동, 이순신, 김구 선생은 사람이다.
그러므로 모든 사람은 죽는다.

위에서 보았듯이 개개의 사물들을 관찰하여 보편적인 원리나 사실들을 밝혀내어 결론에 도출함으로써 사물을 인지하는 방법이라 할 수 있으나 일반적인 한계를 지니고 있을 수 있다는 것이다. 이는 부분적이고 개별적인 관찰을 통해서 완전한 사실이나 결론을 충분히 밝힐 수 없을 수 있다는 것이다. 예를 들면 우리는 전 세계적으로 많은 관찰을 통하여 '모든 백조는 희다.'라는 사실들을 확인하였으나 후에 호주에서 검은 백조가 발견되었다는 사실을 확인한 것으로 보아 항상 진리라고 볼 수는 없다는 것이다.

제2장

# 고대철학

1. 고대철학의 배경
2. 밀레투스학파
3. 엘레아학파
4. 그리스의 철학자들

고대, 중세로
떠나는

# 서양철학사

제2장

# 고대철학

## 1. 고대철학의 배경

고대철학을 탄생시킨 서양철학의 뿌리는 지금의 터키 연안인 이오반도 연안의 도시인 밀레투스, 에페토스, 코로폰 등이 속한 곳으로 소크라테스 이전의 철학자들이 주로 거주하여 우주 만물의 근본원인과 만물의 변화를 탐구하였던 철학을 고대철학의 효시로 볼 수 있으며 이를 고대철학 혹은 자연철학이라고도 한다. 이들은 주로 자연을 대상으로 관찰하고 탐구하는 데 주안점을 두고 있었으며 우주의 만물은 어디에서부터 존재하며 어디로 변화하여 회귀하는 것일까? 주로 탐구하는 소크라테스 이전의 철학인 형이상학을 주로 연구하였다고 볼 수 있다.

기원전 600년경에 시작된 철학은 자연의 생성과 소멸이 어떻게 이루어지는가? 자연의 근원은 무엇인가?라는 철학적 물음이 과학과 상호 관련되어 제기되었다. 이런 이유로 흔히 자연 철학자들이라 불리기도 한다. 말하자면 단순히 자연에 있는 물질과 그 생성원리에만 몰두한 것이 아니라 오히려 이들은 자연을 구성하고 있는 원초적인 물질을 통하여 만물의 근원과 존재의 본질에 대한 해명을 궁극의 목표로 다뤘다. 따라서 이들의 자연탐구는 형이상학으로 이해해야 옳을 것이다. 고대 그리스의 초기 철학은 자연의 생성, 소멸의 과정을 하나의 원소로서 설명하고자 시도하였다는 점에서 일원론적 자연철학이라고 말하며, 후기 자연철학은 여러 가지 원소로써 자연의 생성, 소멸을 설명하고자 했다는 점에서 다원론적 자연철학이라고 말하여진다. 이오니아 철학의 선두주자는 밀레투스의 탈레스였다. 그래서 아리스토텔레스는 그를 철학의 아버지라 부르기도 했다.

## 2. 밀레투스학파

밀레투스(Miletos)는 고대 그리스 철학의 발생 도시이다. 경제적 풍요와 외국과의 문화, 상업적 교역이 이뤄졌던 항구도시였다. 밀레투스는 이집트 및 페르시아와 해상교역을 하면서 문화적, 학문적 교류도 활발했던 매우 진취적인 분위기였으므로 경제, 과학, 철학이 융성하였다. 이러한 환경 속에서 철학과 과학을 연구한 세 사람의 철학자들이 선구적으로 철학적 사유를 감행하여 서양철학이 시작되었다. 그중 대표적인 사람이 탈레스, 아낙시만드로스, 아낙시메네스이다.

## 철학의 아버지 탈레스(Thales, BC 624~BC 546)

탈레스(Thales)는 터키의 조그만 항구도시이며 철학과 과학 그리고 무역의 도시인 밀레투스에서 태어났으며 그의 부친은 페니키아 출신으로 그곳에서 추방당하여 밀레투스로 이전하여 탈레스를 낳은 것으로 추정하며 기원전 624년에 태어나 기원전 546년에 죽은 것으로 알려진 인물이다. 플라톤은 탈레스를 그리스에서 가장 칭송받는 칠현 중에 한 사람이며 그중에서도 가장 빛난 인물 중의 한 사람일 만큼 그의 사상과 지혜를 높이 평가했다고 볼 수 있다.

그에 대한 일화는 많은데 몇 가지를 살펴보면 다음과 같다.

그가 지혜를 얻기 위한 일화가 있는데 그의 어머니가 평생 독신으로 살려고 하는 탈레스를 안타깝게 여겨 탈레스를 불러 말하기를 "너는 어찌 결혼을 하지 않느냐?"라는 추궁에 답하기를 "저는 아직 결혼할 때가 아닙니다."라고 답변을 피해갔다. 그의 모친이 늙어 탈레스를 보면서 결혼을 강요하자 그는 말하기를 "이제는 결혼할 시기가 이미 지났습니다."라고 답변하여 부모님의 결혼에 대한 강요를 피해감으로써 탐구에 열중한 일화가 유명하다.

또 한 예로는 그는 지식에 대한 탐구 이외에는 관심을 두지 않고 대부분을 유랑생활을 한 것으로도 유명하다. 수학, 천문학, 화학, 약학 등. 이집트 여행 중에 얻은 지식들을 밀레투스로 귀국하여 하루도 빠짐없이 별자리를 관찰하느라 밤을 지새우곤 하였다.

이를 통해 계절의 변화와 일기의 변화를 예측하여 실생활에 도움을 줄 뿐만 아니라 농업이나 무역에 활용하기도 했고 아름다운 별자리 자체만으로도 흥분과 감동을 주기에 충분하였으므로 이를 관찰하기 위하여 매일 밤 산책을 하며 우주의 삼라만상에 대하여 깊은 사색에 빠지기도 했다.

어느 날 하녀와 함께 변함없이 하늘의 별들의 변화를 보면서 산책을 하던 중에 구덩이에 빠진 적이 있었다.

늙은 하녀가 주인을 건져 올리면서 "주인님 발 앞에 구덩이가 있는 줄도 모르면서 저 밤하늘의 아득히 먼 별들을 알고자 하십니까?" 하고 주인에게 점잖게 핀잔을 주자 탈레스는 "그래도 별빛은 아름다웠네. 내 평생 그렇게 아름다운 밤하늘은 처음 보았으니 말이야." 그는 어디서든 이상은 그대로 아름답게 빛나기 마련이라는 뜻으로 집사의 비아냥거림을 이렇게 받아친 것일 것이다. 또한 탈레스는 천문학과 철학에 관해 깊은 관심을 가지고 있었다는 해석을 할 수 있을 것이다. 아리스토텔레스에 따르면 그는 별을 관찰하여 앞날을 예측하기도 했는데, 한번은 그의 기상학적 지식에 근거하여 기상을 관측했을 때 금년에는 올리브가 풍작이 될 것으로 예상했다. 올리브가 풍작이 되면 올리브유를 짜는 기계가, 즉 착유기가 시급하게 필요할 것으로 그는 확신했다. 이 착유기를 미리 이웃에서부터 먼 곳까지 수소문하여 임대하였다. 결국 그의 예상대로 올리브가 풍작이 되고 올리브유를 짜기 위해 탈레스의 집은 문전성시를 이루었다. 덕분에 막대한 돈을 벌어들여 부자가 되었다고 한다.

그의 천문학적 지식은 일식에 대한 예언을 가능하게 했다. 구체적으로 헤로도투스가 언급한 일식이 리디아인들과 메디아인들 간에 벌어진 전쟁이 끝나갈 무렵에 일어날 것이라고 예언했다. 오늘날의 천문학자들의 계산에 따르면 그가 예언한 일식은 기원전 585년 5월 28일에 예언과 같이 일어났다. 탈레스는 천문학적 지식뿐만 아니라 이집트의 여행을 통해서 경험적 · 실용적 지식을 기초로 하여 최초의 기하학을 확립했으며, 정치적으로도 상당한 영향력을 미쳤다. 또한 수학자, 천문학자로서 그리스 학문의 첨단에 서 있었으며, 천문학에 관해 최초로 책을 쓰기도 했다. 탈레스는 자기의 저서에서 회귀선 및 주야평분을 확증하였는가 하면 사계절을 구분하고 1년을 365일로 나누기도 했다. 78년의 인생이 그 당시로서는 긴 삶의 여정이었지만 탈레스가 남긴 철학적 발자취는 아리스토텔레스로 하여금 자기의 『형이상학(Metaphysica)』이라는 저서에서 그를 철학의 아버지라 부르기에 충분했다. 디오게네스 라에르티오스에 의하면 탈레스는 운동경기를 관람하던 중 뜨거운 열, 갈증, 허약이 함께 겹쳐 쓰러져 그 결과로 세상을 떠난 듯하다.

탈레스의 무덤 묘비에는 다음과 같은 묘비명이 새겨져 있다.

"이 작은 무덤을 보라. 이 무덤이 자그마하다고 하더라도 그 명성이 하늘에까지 다다르고 있다. 가장 현명한 사람 탈레스가 여기에 영원히 잠들어 있다."

탈레스는 철학사상 최초로 우주, 만물의 아르케(Arche), 즉 근본 물질이 무엇이며, 어디로부터 생겨났는가라는 물음을 하였다. 그의 형이상학에 따르면, 물은 생명과 물질세계의 첫 번째 원리이며 모든 물질은 물에서 생겨나고 물로 환원된다고 했다. 그 이유는 다음과 같다고 볼 수 있다.

첫째, 모든 생명체는 물이 있어야 살 수 있고 물이 없으면 소멸한다는 것이다. 다시 말하면 지구상에 존재하는 모든 동식물은 물이 없으면 살 수 없다는 것이며 인간도 마찬가지라는 것이다.

둘째, 물은 그 양이 엄청나게 많다는 것이며 물의 변화에 따라 생명의 생성과 소멸이 이루어진다는 것이다. 이 지구상의 면적 중 물이 2/3를 차지하고 있다는 것이며 기후의 변화로 인하여 동식물의 성장과 소멸이 반복된다는 것이다.

셋째, 물과 사람은 불가분의 관계라는 것이다. 우리 몸의 약 70%는 물로 생성되었으며 태어나면서 우리는 양수 속에서 자라고 모유를 통해 생성이 가능하다는 것이다.

물이 증발에 의해 기체가 되거나 냉각에 의해 고체가 되는 것, 그리고 모든 생명체에 습기가 필요한 것을 보면서 탈레스는 물이야말로 자연계의 생성과 소멸의 원리라고 했다. 다시 말해서 모든 생명적 존재가 수분의 작용에서 유지되고 성장되는 것, 물 자체는 변하지도 않고 소멸하지도 않으며, 물의 양도 무한한 것, 물은 영원한 것, 역동적이고 만물을 육성시키고 생활에 있어 필요불가결하고 가치 있고, 소중하다는 것 등의 근거를 들어 그는 아르케를 물이라 주장하였다.

탈레스가 이러한 주장을 하게 된 것은 그가 무역 상인으로서 이집트를 드나드는 가운데 끝없이 펼쳐진 망망대해를 보고 물의 무한성과 자동성을 생각한 것에서 비롯된다. 이 우주 만물의 양적인 측면에서 볼 때 엄청나게 부단히 변하고 있는데 이러한 것들을 가능하게 하는 아르케는 논리적으로 생각할 때 만물의 현상보다 훨씬 많아야 하고 수없이 변화하는 현상과는 달리 불변적이어야 하고 영원해야 한다. 이러한 발상이 탈레스의 생각이었다. 우주 만물의 변화는 그 변화 이면에 물이라는 아르케가 있어 그것이 운동하고 작용하는 데서 연유한다.

다시 말해서 우주 만물은 스스로 생성 소멸하지 않고 무한한 성질을 가진 물의 작용에 기인한다. 이와 같은 탈레스의 사상을 물활론 사상이라고 한다. 관찰 가능한 현상의 설명에 있어 신들의 의지에 근거하지 않고 자연주의 설명을 추구했던 탈레스는 만물 안에 신이 있다고 주장하였다. 세계의 정신이 신이며 신이 만물에 깃들어 있다고 말했는데, 이러한 관점은 전 세계에 걸쳐 많은 종교들 중, 특히 인도의 불교에 큰 영향을 준 사상이다. 그는 자기의 운명에 감사한다는 삶으로서 첫째는 내가 이 세상에 짐승으로 태어나지 않고 인간으로 태어났다는 것에 대해서 운명에 감사한다. 둘째는 내가 여자가 되지 않고 남자가 되었다는 것에 대해서 운명에 감사한다. 셋째는 내가 비그리스 사람이 아니고 그리스 사람이라는 것에 대해서 감사한다. 탈레스는 약 2백여 개의 시구를 남긴 것으로 알려지며 그의 비문에는 다음과 같은 그의 형상이 새겨져 있다. "여기 이 탈레스는 천문학의 원로이고, 이오니아 지방의 도시인 밀레투스는 그의 어머니이다." 탈레스가 남긴 200여 시구의 하나를 인용하면 다음과 같다.

"수다스러운 말은 결코 이성적인 생각에서 기인한 것이 아니다. 지혜를 추구하라. 탁월한 사람을 선택하라. 다변가는 그대가 막아야 하는 수다쟁이이다."

무엇이 가장 어려운가? "자기 자신을 아는 것이다." 무엇이 가장 쉬운 일인가? "다른 사람에게 충고하는 것이다." 무엇이 가장 환영받을 만한 일인가? "자기의 목표에 도달하는 것이다." 신이란 무엇인가? "시작도 끝도 없는 그 무엇이다." 자네는 무엇을 놀라운 것으로 보았는가? "늙은 폭군을 놀라운 것으로 보았네." 우리는 어떻게 하면 가장 선량하고 가장 정의롭게 살 수 있는가? "우리가 다른 사람의 행동을 보고서 어딘가 잘못됐다고 비난하는 것은 자기 자신이 그것을 행하지 않는 데 있다." 누가 행복한가? "운명으로부터 건전한 육체를 은혜로 받고 탁월한 영혼 교육을 받은 사람이다."라는 물음과 이에 대한 답과 삶의 지혜를 남긴 그리스 철학의 아버지였다. 탈레스의 천문학, 철학, 삶의 지혜는 그의 철학적 후계자들에게 전승, 발전되었다.

### 우주는 수가 지배한다. 피타고라스(Pythagoras, BC 580~BC 500)

피타고라스(Pythagoras)는 밀레투스의 한 근처에서 유년기를 보냈기 때문에 밀레투스학파 철학자들과 함께 수학하며 생활하였고 영향을 서로 주고받았을 것이다. 또한 피타고라스는 밀레투스학파의 창시자인 탈레스처럼 이집트를 여행하면서 기하학의 기초를 배웠다고 알려져 있다.

또한 그는 매우 신앙심을 가지고 있으면서 미신을 믿는 사람이었다. 그는 56세에 고향 남이탈리아 그리스 식민지인 크로톤섬으로 돌아와 수도원 성격의 최초의 철학공동체를 형성하였는데 이 공동체는 피타고라스 자신을 거의 구세주나 다름없는 존재로 내세우던 광신적인 종교집단이라고도 알려져 있다. 피타고라스의 신봉자들은 그의 종교적이고 철학적인 이론을 공부하면서 엄격한 행동과 식이요법을 따르며 집단 공동체에서 살았다. 피타고라스의 엄격한 행동과 식이요법에 대해 알아보면 다음과 같다.

그들의 규칙에는 ① 태양을 향해 오줌을 누면 안 된다. ② 금 장신구를 한 여성과 결혼을 해서는 안 된다. ③ 길거리에 누운 당나귀를 넘어가서는 안 된다. ④ 학파에 들어올 때 신성한 삼각형인 “테트락티스”에 맹세를 해야 한다. ⑤ 공동체에 자신이 소유했던 모든 것을 헌납한다는 서명과 5년 동안의 침묵 서약을 해야 했다. 이 기간 동안 제자들은 “아코우스마티코이”라고 불렸으며 이 분류는 신비주의적인 가르침만 받을 수 있었고 졸업 시 배우는 자라는 뜻의 "마테마티코이"라고 불리며 이 분류의 제자들은 과학, 철학에 대한 피타고라스의 가르침을 받을 수 있었고, 피타고라스학파 내부의 사람으로 취급되었다. 후에 "마테마티코이"라는 단어는 수학을 의미하는 마테마티가로 발전했다. ⑥ 자신의 가르침을 기록하거나 누설해서는 안 된다.

이를 위한 식이요법은 다음과 같다. ① 인간의 영혼이 동물의 몸으로 환생하는 것을 막기 위해 채식주의자가 되어야 한다. ② 콩에 손대서는 안 된다.

피타고라스는 우주를 구성하는 근본 원리는 수에 의해 지배를 받는다고 했다. 이는 다음과 같은 이유에서이다.

첫째는 우주의 생성은 일정한 속도와 수의 지배를 받고 있는데 이에 오차가 생기면 반드시 소멸하며 조화롭게 움직이면 우주를 생성한다는 것이다. 이는 우주에 흩어져 있는 천체는 일정한 주기를 통해 움직이며 이 주기가 어긋났을 때는 소멸하는 것이 증거라는 것이다. 이러한 세계를 코스모스(cosmos)라고 부르며 이는 '우주'라는 뜻과 '질서', '조화'의 의미를 동시에 갖고 있기도 하다는 것이다.

둘째는 음악에서도 마찬가지이다. 우리가 아름답게 여겨지는 화음도 수적으로 배열이 잘 이루어지면 화음이 잘 조화되어 우리에게 아름답게 여겨지듯이 숫자의 배열이 잘 이루어지지 않을 때는 어렸을 적에 칠판을 지우다가 경험하였듯이 불쾌한 음을 내는 것은 수의 배열이 어긋나서 생기는 것이라는 것이다.

셋째는 우리가 살고 있는 세상은 삼차원으로 이루어져 있으며 가장 안정적이라는 것이다. 이는 일정한 점과 점 사이를 잇는 선, 그리고 점과 선을 이으면 삼각형이 완성되는데 이것이 가장 안정되고 조화롭다는 이유에서 우리의 세계에도 수의 지배를 받고 있다는 증거라고 생각했다.

그는 당시의 철학자인 탈레스의 권유로 이집트로 유학을 가게 되었다. 이집트로 갔을 때 피타고라스는 이방인 취급을 당하며 달갑게 받아들여지지 않았다. 그곳에서 피타고라스는 밥도 먹지 못하고 잠도 자지 못하는 혹독한 수련을 받으며 20년 동안 세계의 선진적 지식을 배우게 된다. 이집트어로 된 모든 학문, 수학과 의학, 건축학과 음악, 천문학과 기하학을 통달하며 지냈는데 그가 이집트에 체류한 지 23년째가 되던 해에 페르시아가 이집트를 침략하여 피타고라스는 포로가 되어 바빌론으로 이송되었다. 이는 피타고라스에게는 큰 기회로 이때껏 배운 3000년간의 이집트 문명을 페르시아 학자들에게 전해주는 대신 5000년 동안 축적되어온 메소포타미아 문명을 배웠다. 바빌론에서 12년을 보낸 피타고라스는 56세의 나이로 "현자"가 되어 고향 남이탈리아 크로톤섬으로 돌아왔다. 피타고라스가 도착할 당시 아폴론을 수호신으로 한 그 도시는 최고의 번영을 누리고 있었으며 그리스인들이 개척한 도시들 중에서도 가장 부유하고 지적 수준이 높은 도시였다. 피타고라스가 탄 배가 항구에 닻을 내리자 소문은 금세 퍼졌고 현자를 보기 위해 군중이 몰려들었다. 피타고라스는 광장에 모인 젊은이들에게 첫 연설을 했으며 젊은이들은 부모에게 피타고라스의 연설을 전했고 어른들은 피타고라스를 초청하여 또 연설을 들었다. 각계각층의 사람들이 몰려왔다. 2,000명의 남녀가 자신의 가족과 함께 피타고라스의 제자가 되기로 했다. 피타고라스학파 공동체는 그렇게 형성이 되었다.

철학이라는 단어는 피타고라스에 의해 만들어졌는데 피타고라스를 현자나 성인으로 알고 온 사람들에게 피타고라스는 자신이 성자나 현인이라기보다는 단지 지혜를 사랑하는 자에 지나지 않는다고 겸손하게 말했다. 지혜(sopia)를 사랑(philo)하는 자, 즉 철인은 이렇게 만들어졌다.

그의 공동체는 학술연구단체이기도 했고 일종의 수도원이기도 했다. 피타고라스 공동체는 이후 플라톤의 아카데미아와 아리스토텔레스의 리케이온의 선구가 되었다. 온화와 겸손, 그리고 과묵이 피타고라스가 요구한 덕목이었다. 거칠고 오만하고 시끄러운 사람은 아무리 학식이 뛰어나도 제자가 될 수 없었다. 시험을 통과하지 못한 사람들은 공동체를 떠나야 했고, 시험을 통과한 사람들은 다시 5년 동안 묵언생활을 견뎌야 했다. 이렇게 두 차례의 시험을 거쳐야만 피타고라스와 얼굴을 마주하고 가르침을 받을 수 있는 제자가 된다.

그러나 이처럼 오랜 과정을 거쳤더라도 제자로서 만족스럽지 못하면 짐을 꾸려 공동체를 떠나야 한다. 이때 공동체는 처음에 맡긴 재산의 두 배를 지급한다. 하지만 공동체를 떠나면 공동체에서 배운 모든 것을 비밀로 해야 한다. 오늘 자신이 한 일을 세 번 되돌아 보기 전에는 눈을 감고 자지 마라. 오늘 내가 잘한 일은 무엇이고, 잘못한 일은 무엇이며, 또 끝내지 못한 일은 무엇인가? 이것이 피타고라스 공동체의 생활 규율이었다.

피타고라스의 제자들은 작은 숲과 개울을 거닐며 명상하고 체조로 몸을 다지며 철학과 수학으로 정신을 훈련한다. 식사는 채소와 빵 한 조각이었다. 피타고라스 제자들의 하루 일과를 자세히 살펴보자. 새벽이면 그들은 고독한 산책에 나선다. 사원의 경내, 무덤가, 혹은 우거진 녹음 등, 조용하고 고요한 곳에서 그들은 명상에 들어간다. 영혼을 가지런히 조율하기 전에는 그 누구도 만나서는 안 된다고 생각한 것이다. 새벽의 정적과 한가한 장소는 쾌적한 마음상태와 어울렸다. 그들은 잠에서 깨자마자 혼잡한 사람들 속으로 들어가면 영혼이 교란된다고 생각했다. 그리하여 피타고라스의 제자들은 언제나 가장 성스러운 곳을 선택했다.

아침 산책이 끝나면, 사원 같은 곳에서 집회를 가졌다. 제자들은 이 기회를 활용하여 배우고, 가르치고, 도덕적 품성을 수양했다. 이렇게 아침 시간을 보낸 후, 제자들은 몸 만들기에 들어갔다. 건강한 육체에 건전한 정신이 깃든다는 말이 있듯이 그들은 대개 몸에 향유를 바른 채 더러는 정원이나 숲에서 레슬링을 했고, 더러는 아령을 들고 그림자 권투를 하면서 몸을 튼튼히 했다. 제자들은 아침 식사로 빵과 꿀 혹은 당밀을 먹었다. 온종일 술은 입에 대지 않았다. 그 밖에도 몇몇 음식을 금했는데 특히 콩을 먹지 않았던 것으로 유명하다.

아침 식사가 끝나면 정치나 경제와 관련된 실무를 처리했다. 모든 잡무는 식사가 끝난 후에 처리하려고 했다. 그리고 황혼이 지면 그들은 다시 걷기 시작했다. 새벽녘처럼 혼자 걷는 것이 아니라 삼삼오오 짝을 지어 배회했다. 가르침을 암송하거나 품성을 수양하는 것이다.

산책 후에는 목욕을 하고 10명이 넘지 않게 모여서 식사를 한다. 함께 식사하는 사람들이 모이면 향을 피우고 제주를 붓고 제사음식을 올린다. 그리고 바로 밥을 먹기 시작하여 일몰 전에 마친다. 이때서야 그들은 포도주를 마시고 보리 과자와 빵 그리고 신선한 야채를 먹는다. 제사음식으로 올린 고기를 먹기도 하고, 가끔은 생선을 먹기도 한다. 그렇게 저녁 제사가 끝나면 독서를 시작한다. 연장자가 무엇을 어떻게 읽을지 결정하면 가장 젊은 제자가 독송하는 것이 암묵적으로 정해졌다.

헤어질 때가 되면, 술 따르는 이가 제사용 술잔을 채우고 연장자가 "키우는 식물이건 과실이건 사람에게 해를 끼치지 않는 동물이건 죽이거나 해하지 마라. 신들과 정령들과 영웅들을 경배하고 부모와 이웃을 공경하라. 법을 지키고 불법행위를 금하라." 이렇게 암송하면서 각자 집으로 돌아간다.

피타고라스는 사후의 삶을 옹호한 대표적인 인물이다. 그에 따르면 죽음을 맞는 순간 영혼은 육체를 떠난다고 한다. 하지만 영혼이 세상과는 다른 신비로운 세계로 들어간다고 생각하지는 않았다.

그는 영혼이 우리 모두가 사는 이 세계에서 다른 육체의 영혼으로 다시 태어난다고 믿었다.

피타고라스는 자신의 전생이 트로이전쟁의 영웅 에우포르보스라고 주장했고 거기에 걸맞게 평소 리라를 켜며 호메로스의 시를 자주 암송했다. 피타고라스는 자신의 전생을 기억해 냈을 뿐만 아니라 다른 사람의 영혼도 꿰뚫어볼 수 있었다고 한다. 피타고라스는 모든 생명체를 친구처럼 대하라고 가르쳤다. 개나 곰의 영혼이 사실은 전생에서 당신의 친구였을 수도 있다는 것이다. 피타고라스 공동체가 육식을 금하고 채식주의를 채택하는 것은 이러한 교리의 자연스러운 반영이었다. 또한, 피타고라스는 상호 의존과 상호 친교를 강조했다. 그는 이것을 필리아(phillia), 즉 우정이라는 단어로 표현했다. 필리아는 자연의 모든 원소들을 조화로운 관계로 끌어당기는 우주적인 힘이다. 피타고라스에 따르면 모든 사람은 필리아의 법칙을 지켜야 한다. 그는 학생들에게 다음과 같은 경구를 들려주었다. "친구들은 모든 것을 공유한다. 친구는 또 다른 나다."

### 모든 만물의 제1원소는 불이다.

헤라클레이토스(Heracleitos, BC 535~BC 475)

헤라클레이토스(Heracleitos)는 피타고라스와 동시대에 태어난 것으로 추정되며 에페소스 출신이다. 그는 BC 537~BC 484년경에 죽은 것으로 기록되어 있으며, 당시 사람들은 그를 '어두운 사람' 또는 '수수께끼를 내는 사람', '모호한 사람' 등으로 불렀을 정도로 그가 하는 모든 말들을 모호하다고 했는데 이는 그가 다른 사람들과 잘 어울리지 않았기 때문일 것이다. 이에 대한 기록은 아라스토텔레스의 단편적인 기록에서 보듯이 그는 당시에 종교적인 행사를 주관하는 공직을 세습할 정도로 귀족가문에서 출생하였으나 사색을 하기 위하여 가지고 있던 부와 명예를 동생에게 양보할 정도로 모호한 인물이었던 것으로 전해진다.

이것으로 보아 당시의 사람들에게 매우 냉소적이거나 조소적인 태도를 가졌으며 한편으로는 자신의 학문과 사상과 자연의 법칙을 알 수 있는 유일한 인물로 생각한 거만하고 자만심에 가득 찬 사람처럼 보였을 것이다. 이러한 이유로 사람들과 별로 친하지 않았고, 그를 추종하던 극소수의 인물들만 그에게 가르침을 받을 수 있었다.

헤라클레이토스는 "모든 것은 흐르고 변할 뿐 정지된 것은 아무것도 없다."라고 주장했다. 이것은 "같은 강에 두 번 들어갈 수 없으며 강물은 계속해서 흐르고, 또 강물 속에 있는 우리도 계속해서 변화하기 때문에 강물도 우리도 계속해서 다른 상태로 만나게 되는 것이다. 이는 같은 곳의 물이어도 처음의 물과는 차이가 있다는 것이므로, 우리는 단 한 번만 같은 물에 같은 상태로 있게 될 것이다. 말하자면 우리는 절대로 같은 강에 들어갈 수 없고 이것이 흐름과 변화의 원리이며 세계 만물의 이치"라고 헤라클레이토스는 말했다.

그렇다면 영원한 흐름을 만드는 힘은 무엇이냐는 제자의 질문에 헤라클레이토스는 이렇게 답하였다. "흐름의 원리는 단순히 홀로 생성하고 홀로 지나치는 것으로는 불가능하며 흐름, 즉 변화는 두 물질 이상이 서로 부딪쳤을 때만 일어날 수 있다. 만물의 부딪침, 즉 대립이 바로 생성을 가능하게 하는 힘이라는 뜻이다. 마치 바람이 불어야 나무가 흔들리는 것처럼 사물은 서로 부딪치면서 동시에 조화를 이루는 것이다. 극단적으로 말하면 그 부딪침은 만물 대 만물의 전쟁이라고도 할 수 있으며 그 전쟁이 만물을 생성시키는 힘이 된다. 따라서 전쟁을 만물의 아버지이자 만물의 왕"이라고 하였다. "만물은 끊임없이 흐른다.", "전쟁(대립)은 만물의 아버지다." 헤라클레이토스가 내세운 이 두 명제는 그의 사상을 잘 대변해 준다. 하지만 이 두 명제가 과정을 완전히 생략한 결론적인 단언이기 때문에 그의 생각들을 오해하기 쉽다. "만물은 끊임없이 흐른다."는 말은 만물이 끊임없이 다른 상태로 변화하고 있다는 뜻이다. 이는 곧 소멸과 생성을 동시에 말하는데 변화는 생성과 소멸을 반복하며 다른 상태로 나아가고 있다는 논리이다.

그는 이 변화의 원동력을 만물 대 만물의 대립이라고 설명했다. 즉 만물은 순간순간 끊임없이 서로 대립하지만 그 대립을 통해서 하나의 다른 상태로 나아간다는 것이다. 그는 이런 원리를 설명하기 위해 활대와 활줄의 관계를 예로 들었다. 활대와 활줄은 서로 팽팽하게 대립해 있을 때 활로서의 역할을 할 수 있다. 하지만 이러한 대립은 우리에게 조화를 이룬 것으로 비쳐진다. 그처럼 만물은 서로가 자기의 힘을 양껏 발휘하여 서로 가장 치열하게 대립했을 때 조화를 이룰 수 있고 새로운 단계로 발전하게 되는 것이다. 이 과정을 간단하게 줄이면 만물은 매 순간 생성-대립-소멸-생성을 반복하고 있다는 말로 정리할 수 있다. 이 세상 모든 것이 조화가 아닌 투쟁과 갈등을 근본으로 하며 피타고라스가 주장한 조화란 투쟁이 잠시 멈춰 다음 투쟁을 준비하는 과정이라고 보았다.

헤라클레이토스는 자연의 세 가지 원소가 불과 물, 흙이며 불은 다른 두 원소를 제어하고 변형시키는 제1원소이자 세상의 근본 물질로 보았다. 타오르며 형태가 변화하는 것은 그의 철학에 적합한 물질이기도 했는데 헤라클레이토스는 불을 만물을 변화시키는 근본적 에너지이며 실질적 요소와 인간적인 요소를 모두 포함하고 있으며, 또한 불을 모든 것의 시작이자 끝이라고 주장하였다.

이는 불의 변화를 통해 자연의 순환을 설명하고 있으며 불은 단순히 물질을 태우거나 삼키는 일반적인 것이 아니라 인간의 영혼을 의미하는 정신적인 것과 마찬가지로 여겼다. 영혼이 있고 없고의 차이에서 인간이 살아 있다는 것과 죽었다는 것, 생성과 소멸이 된다는 것이다.

## 3. 엘레아학파

엘레아(Elea) 지방은 오늘날의 이탈리아 살레르노 남부지역에 해당하는 서해안에 위치하고 있으며 이 지역은 이탈리아 영토 내에 있는 그리스인들의 식민지 지역이었다. 바로 이 지역에서 피타고라스와 동일한 시기에 엘레아학파(Die Eleaten)가 만들어졌다.

엘레아학파는 현상세계의 생성 소멸을 철학의 근본주제로 삼은 헤라클레이토스의 변화의 철학에 반대하여 존재와 사유의 일치를 주장하는 존재론을 내세우고 있다. 다시 말하면 이 세상의 사물은 변화하는 것이 아니라 우리 눈에는 변화하는 것처럼 보이지만 사실 변화하지 않고 고정되어 있다는 것이다. 대표적 철학자로는 제논(Zenon), 크세노파네스(Xenophanes), 파르메니데스(Parmenides) 등이 있다.

### 모든 물체는 정지되어 있고 운동하지 않는다.

제논(Zenon, BC 495~BC 430)

우리는 철학책에서 가끔은 엉뚱한 논리들을 접할 수 있는데 그 중의 한 명이 제논(Zenon)이다. "날아가는 화살은 정지되어 있다." 라고 말한 제논은 엘레아 출신으로 파르메니데스(Parmenides, BC 515~BC 445)의 수제자로 알려져 있다. 파르메니데스는 운동의 변화를 부정하며 오직 존재자만이 있을 뿐 "무는 있을 수도 생각할 수도 없다"고 주장한 사람으로 유명한 말로는 "있는 것은 있고 없는 것은 없다"고 한 사람이다.

제논(Zenon)의 태생에 대해서는 『플라톤의 대화편』에서 몇 가지 추정할 수 있는 데. 「수다」에 따르면 제논은 엘레아의 참주 네아르

코스의 축출을 모의하다 발각돼 심문받던 중 자신의 혀를 스스로 끊어 그 참주에게 뱉어서 맷돌에 으깨어져 죽었다고 한다. 따라서 그의 생애와 저술 등은 정확하지 않으며 다만 이를 통하여 추측만 할 뿐이다.

제논은 변화와 다수성에 대한 상식적인 생각들이 환상에 불과하다는 파르메니데스의 관점을 수호하며 그런 상식적인 생각들이 매우 이상하고 터무니없는 결론들로 이끌어지기 때문에 세계의 진실된 본성을 표상할 수 없다는 것을 증명하는 역설들을 계발해 냈다. 제논의 역설 중에서는 '만일 여럿이 있다면'이라는 가설로 시작되는 역설들이 있는데 이것들은 '있는 것이 여럿인 세계'가 성립할 수 없음을 입증하려 한다. 이 역설들은 플라톤이 파르메니데스에서 밝히고 있듯이 제논 자신의 논증형태가 그대로 직접 인용된 것으로 보인다. 하지만 '운동의 역설'이라는 이름이 붙은 제논의 네 가지 역설은 운동이 불가능함을 입증하려는 것으로, 이 두 종류의 역설은 모두 우리 상식에서 벗어나는 결론을 받아들이게 한다는 점에서 역설적이지만 그 형태나 직접적인 논박의 대상이 다르다. 네 가지 역설의 내용으로는 '사람은 경기장을 건널 수 없다', '날아가는 화살은 날지 않는다', '빨리 달리는 아킬레스는 거북이를 추월할 수 없다', '반분의 시간은 그 배의 시간과 같다'는 것으로 존재한다.

첫째로 빨리 달리는 아킬레스는 거북이를 추월할 수 없다라는 변증법적 논증에 대하여 반대자들의 말처럼 운동이 실재한다고 가정한 후에 거북이와 아킬레우스가 경주에 참여할 때 거북이가 앞서 a만큼 출발한다면 아킬레우스가 a만큼 갔을 때 거북이는 다시 b만큼 갈 수 있기 때문에 아킬레우스는 결국 따라잡을 수 없게 된다. 이는 이 둘 사이에는 운동의 변화가 있을 수 없다는 사실을 변증법적 논리를 통해 주장했다.

둘째로는 운동이 실재한다면 물체는 한 지점에서 다른 지점으로 이동해야 한다. 그러나 날아가는 화살을 나눠보았을 때 각각 특정한 지점에 멈춰 있다. 이는 실제로는 우리의 시야에서 떠난 화살은 움직이는 것 같지만 사실상 정지되어 있다는 것이다. 왜냐하면 순간순간을 분리하여 생각해 보았을 경우 사실상 매 순간은 정지되었다는 주장이다.

셋째로는 우리의 걸음은 불가능하다는 것이다. 물체가 하나의 지점에서 다른 지점으로 간다고 할 때 중간지점을 반드시 통과해야 한다. 그러나 물체가 도착점을 향해 절반을 가고 다시 남은 거리의 절반을 가고 또다시 남은 거리의 반을 가는 현상이 무한히 일어나므로 유한한 시간 동안 물체는 다른 목표점에 도달할 수 없다. 예를 들면 우리는 100m를 갔다고 가정하였을 때 100m를 계속해서 100으로 나눈다고 보았을 때 그 지점은 무한하게 존재하므로 그 지점을 통과하는 것이 불가능하며 따라서 운동이 일어나지 않는다는 것이다.

마지막으로 사람들의 체격과 수가 동일하게 구성된 세 개의 행렬이 경기장에 줄 맞춰 있다고 가정한다. 하나의 행렬(a)은 멈춰 있고 나머지 두 행렬(b, c)이 동일한 속도로 서로 반대방향으로 움직일 때 b행렬에 있는 사람은 a행렬에 있는 사람 한 명을 지나치는 시간 동안 c행렬에 있는 사람 2명 지나치게 된다. 동일한 시간 동안 같은 속도로 움직이지만 움직임의 양이 달라지는 것이다. 이 역설들은 운동이나 무한히 실재한다고 가정할 때 생기는 문제를 보여준다.

제논의 역설의 목적에 대한 논란이 있는데 플라톤의 '파르메니데스'에 따르면, 제논은 파르메니데스의 주장을 변호하기 위해서 자신의 역설들을 만들었다. 파르메니데스의 주장에 반대해서 있는 것이 하나라면 많은 우스운 결과를 야기한다고 주장하는 사람들에 대항하기 위해서 이와 같은 역설을 만들었다.

제논은 목적을 수행하기 위해 역(逆)을 여럿을 주장하는 사람을 논박하여 있는 것들은 여럿이라는 그들의 가정이 있는 것은 하나라는 가정보다 훨씬 더 우스운 결과를 초래할 것임을 밝혀 보이려 했다고 플라톤은 '파르메니데스'에서 전하고 있다. 귀류법(반대관점이 모순으로 귀결되기 때문에 오류임을 증명하는 논리적 기술)을 사용하여 상대방의 전제가 모순에 부딪혀 더 이상 유지될 수 없음을 보이는 논의 논증 방법을 보고 아리스토텔레스는 제논의 변증술의 창시자라 하였다. 왜냐하면 그는 순수한 사유의 운동에 의해서 감성에 현혹되지 않은 채 독단적인 상정을 논박했기 때문이다. 그러나 운동을 단순히 부정해 버린 제논의 변증법은 결국 주관적 변증법에 머물며 헤라클레이토스의 객관적인 변증법에 이르지 못했다.

그런데 플라톤이 전하는 제논의 목적에 대한 반대 의견이 고대에서부터 전하고 있다. 에우데모스로부터 촉발된 듯한 이 논쟁을 반즈가 정리해서 다시 제기하였다. 반즈에 의해서 남아 있는 제논의 논법은 전형적인 귀류법이 아니다. 제대로 된 귀류법이 되려면 처음에 출발한 전제가 불합리한 결론을 도출함을 보이고 그 다음에 전제가 거짓임을 밝혀야 한다. 반즈는 귀류법이 아니라 양도논법으로 이루어진 것으로, 다원론뿐만 아니라 파르메니데스의 일원론마저 공격의 목표로 삼고 있다고 말한다.

하지만 논증의 목적이 무엇이냐?와 무관하게 제논의 역설들은 플라톤의 증언대로라면 본의 아니게 도출된 이래 현대에 이르기까지 무수한 찬반격론을 불러일으켰다. 그의 논변들을 그저 솜씨 좋은 자의 궤변에 불과하다고 치부하는 사람들에서부터 정교하면서도 심오한 논변이라는 평가에 이르기까지 다종다양하다. 이런 엇갈린 평가에도 불구하고 제논이 실제로 역사적으로 수행해 온 그를 주목할 만한 철학자로 보기에 손색이 없다. 그의 역설로 인해 아리스토텔레스는 무한 및 그와 관련된 개념들에 대한 자신의 생각을 예리하게 다듬을 수 있었다고 한다.

또한 제논은 자신 이후의 자연철학자들로 하여금 물질의 최소 크기에 관한 주제에 민감할 수밖에 없도록 만들었다. 제논의 논증 방식은 두 가지의 유산을 남겼다. 한편으로는 '여럿이 있다면 그것들은 닮은 것이면서 닮지 않은 것들일 수밖에 없다'와 같이 한 가지 주제의 양 측면에서 논증을 구성하는 방식은 프로타고라스가 받아들여서 5세기 소피스트들의 가장 악명 높은 무기가 되었다. 다른 한편으로 그의 추상적인 논증방법들을 뒤따르는 흔적이 5세기 몇몇 문헌에 남아 있으며 플라톤은 그 영향을 받아 파르메니데스의 지극히 추상적인 논의를 전개했다. 마지막으로 그의 역설 중에서도 운동과 관련된 역설들은 시간, 공간, 운동에 대하여 생각하는 방식에 대하여 주목하도록 사람을 재촉하였고 제논의 결론을 받아들이거나 반박하도록 몰아붙였다. 특히 20세기 들어 이 같은 역설들은 수학자와 철학자들 사이에서 공간, 시간, 무한에 관한 논쟁을 일으켰다.

### 우주의 근본물질은 하나가 아니라 여럿의 대립이다. 다원론

다원론을 주장은 밀레투스학파와 엘레아학파가 수학적 · 과학적 입장에서 세계를 해석하고 있다면 이들은 일원론을 주장한 것과는 다른 입장을 밝히려고 하였다. 이들의 중심이 되는 주요 철학자는 그 이후에 철학자인 엠페도클레스(Empedokles)와 아낙사고라스(Anaxagoras)는 생물학적 · 화학적 입장에서 세계를 해석하고 있다.

이 모든 학파와 철학자들은 서양철학사에 있어서 최초의 철학을 하면서 주로 세계, 즉 자연을 주제로 삼았다. 이런 점에서 6세기경에 처음으로 철학적 사유를 시작하였던 밀레투스학파와 엘레아학파 시대의 철학을 초기 자연철학(일원론 자연철학)이라 말하고 대략 기원전 5세기의 엠페도클레스와 아낙사고라스, 데모크리토스의 시대를 후기 자연철학(다원론 자연철학)이라 일컫는다.

### 사후의 세계는 존재하지 않는다.

데모크리토스(Democritos, BC 460?~BC 370)

고대 철학자들과 마찬가지로 데모크리토스(Democritos)의 생애에 관해 구체적으로 알려진 바는 없으나 그는 아낙시고라스가 늙은이였을 때 자기는 청년이라고 하였던 것으로 보아 대략 기원전 460년경에 그리스의 압데라에서 태어났으리라고 짐작할 뿐이다.

데모크리토스는 레우키포스의 제자였으며, 아낙사고라스뿐만 아니라 동향 출신의 프로타고라스와도 교류를 가지고 있었다. 피타고라스학파의 사람들을 자기의 스승으로 삼고 있었다는 증거는 확실하다. 데모크리토스 추종학파의 회원이었던 카지코스의 아폴로도로스 데모크리토스가 필로라오스로부터 배웠다고 말했던 것으로 보아 피타고라스학파의 철학으로부터 많은 영향을 받은 것이 사실이다. 그것은 사실상 있을 법한 일이다. 이러한 사실들은 존 버넷에 의하면 데모크리토스의 기하학적인 인식과 그의 철학사상의 체계에 있어 다른 특징을 설명해 주고 있다.

게다가 데모크리토스 또한 자기의 저서들에서 파르메니데스와 제논의 이론들에 대하여 말했다는 것도 전해오고 있다. 데모크리토스는 이 두 사람의 이론들을 레우키포스를 통해서 알게 되었다.

데모크리토스는 아낙사고라스를 언급했으며, 태양과 달에 대한 자기의 이론이 독창적인 것이 아니었다는 것을 말한 것으로 생각된다. 그것은 비록 데모크리토스의 일식에 대한 설명이 피타고라스 학파의 이론으로부터 비롯하는 것으로 알고 있었다고 하더라도 일반적으로는 아낙사고라스의 이론으로부터 비롯하는 것이라는 이른바 인식상의 수정을 암시하는 것이다.

그는 학문을 위해 이집트를 방문하였다는 기록이 있으나 이집트 방문이 언급되어 있는 조각 글이 위조일 것이라고 후세의 철학자들은 말하고 있다. 이 글에서 보면 "나는 아테네로 갔으며, 아무도 나를 알지 못했다."라고 데모크리토스가 말했다고 한다면 그는 고향사람인 프로타고라스가 보여주었던 것과 같은 인상을 각인시키는 데 실패했음을 자인하고 있다. 다른 한편으로 팔레레우스의 데메트리오스는 데모크리토스는 아테네를 결코 방문하지 않았고, 그러므로 이 조각 글은 아마도 위조일 것이라고 말했다. 데모크리토스는 자기의 대부분의 시간을 압데라에서 연구, 가르침, 집필로 보냈다.

존 버넷의 주장에 의하면 데모크리토스는 근대적 유형의 방랑하는 소피스트가 아니고, 오히려 정규적인 학파의 수장이었다. 데모크리토스의 진정한 위대성은 원자와 공허에 관한 이론에 있는 것이 아니다. 데모크리토스는 이 이론을 레우키포스로부터 계승한 바대로 발전시킨 것으로 생각된다. 아직까지 이 이론은 아낙사고라스로부터 비롯하는 데모크리토스 자신의 우주론적인 체계 가운데 있지 못하다. 데모크리토스는 이러한 사람들과는 전연 다른 세대에 두지 않았다. 그가 취급하지 않으면 안 되었던 문제는 그 자신의 시대 문제였다. 과학의 가능성은 부정되고 있었으며, 인식문제 전체는 프로타고라스에 의해 제기되었으며, 따라서 그 자신으로서 행위의 문제가 그에게는 긴급한 문제가 되었다. 더욱더 나아가서 행위의 문제가 그에게는 긴급한 문제가 되었다. 데모크리토스의 독창력은 정확히 말해서 소크라테스의 독창력과 같은 방향에 놓여 있다.

## 데모크리토스(Democritos)의 인식론

데모크리토스(Democritos)는 사물을 인식하는 지식의 유형을 둘로 구분하였는데, 첫째는 적출이고, 둘째는 서출의 유형이다. 적출은 대상에만 의존하는 지식으로 쉽게 보면 객관적인 사실로서의 지식을 말하며, 서출의 지식은 특정 신체기관에 영향을 받는 지식으로 주관적인 지식으로 생각할 수 있다. 예를 들어 어떤 대상물인 그 자체가 지식인 것, 즉 화분에 꽃이 꽃인 것은 적출의 지식이라면, 꽃이 아름답다든지, 향기로운지 하는 것은 서출의 지식이다. 혹은 사과가 사과인 것은 적출의 지식이고 사과가 달다든지, 쓰다든지의 지식은 서출의 지식이다. 감각에 대해서 아무것도 믿을 수 없다고 했지만, 감각과 사고 모두 기계적 과정이라는 것에는 동의했다.

### 파르메니데스의 주장을 반박하다. 있는 것도 있고 없는 것도 있다.

앞에서 주장했듯이 파르메니데스(Parmenides, BC 515~BC 445)는 엘레아학파의 대표자이면서 고정불변의 존재에 집착한 인물이다. 그는 "신은 하나다."라고 주장한 것처럼 운동과 변화를 부정한다. 예를 들면 운동이 있기 위해서는 운동할 수 있는 공간이 있어야 하는데, 운동장이 텅 비어 있는 것은 무일 것이라는 것이다. 그러나 무(無)란 '있을 수 없는 일'일 것이므로 운동장이 있을 수 없고 따라서 운동은 불가능하게 된다는 것이다. 그것처럼 보이는 것은 감각적인 착각이라는 것이다. 이 세상의 모든 것들이 변화하는 것처럼 보인다는 것은 항상 반복되는 일이라는 것이다.

가령 우리의 반복적인 생활, 즉 오늘과 내일이 변화하고 사계절이 변화하고 인간들이 죽고 태어나지만 그것은 오직 반복적인 생활이며 우리의 착각이라는 것이다. 따라서 우리의 눈에는 변화하는 것처럼 보이지만 결국은 반복적인 일들이며 변화하는 것은 아무것도 없다는 것이다. 그리하여 추론하건대 오직 존재하는 것은 불변하는 존재라는 것이다.

그러면 우리가 볼 수 있는 감각적인 변화에 대한 존재는 어떠할까?라는 의문에 대해서는 다음과 같이 설명하고 있다. 유(有)가 어떤 것에서 생겨난다면 그 유(有)는 이전에 이미 어떤 것이 있다는 의미이며 이것은 새로운 존재가 아니며 이전에 있었다는 것이다.

만약에 없는 것에서 생겨났다면 말도 안 되는 소리라는 것이다. 왜냐하면 "있지도 않은 곳에서 생겨났다"고 하는 것은 어불성설이기 때문이라는 것이다. 이는 진화론을 부인하는 것이다. 따라서 유(有)는 나누어질 수도 없다는 것이며 없는 것은 없다는 것이다.

그러나 데모크리토스(Democritos)는 현 세계는 모든 사물이 변화하고 있는 것은 사실이라는 것이다. 우리 앞에 보이는 감각적인 것은 분명히 변화하고 있다는 것이다. 가령 사계절의 변화, 생성과 소멸 등은 분명히 운동을 하면서 변화하고 있다는 것이다. 이것은 무(無)가 있음을 인정해야 하며 따라서 유(有)도 반드시 존재한다는 것이다.

이 세계에 존재하는 모든 사물들은 그 공간을 채우고 있다. 이러한 공간을 채우고 있는 것은 무에서 채워진다는 것이며 이러한 것은 물체와 물체 사이에도 존재한다는 것이다. 예를 들면 아무리 작은 물체라도 그 사이는 텅 비어 있다는 것이다. 가령 분필을 생각하여 보면 아무리 물질이 밀집되어도 분명히 그 속은 약간의 공간이 있다는 것이다. 여기에서 그의 중심적인 사상을 유추하여 볼 수 있다. 그러면 이 세계에 존재하는 것은 무엇으로 구성되어 있는가?이다. 여기서 바로 데모크리토스(Democritos)의 원자론(atom theory)이 생겨났다.

## 데모크리토스(Democritos)의 원자론(原子論)

이 세상의 모든 것들은 텅 빈 공간(무)으로 구성되어 있다고 주장하는 것이다. 따라서 이 텅 빈 공간, 즉 무는 물체와 물체 사이뿐만 아니라 물체 안에서도 존재한다는 것이다. 예를 들면 딱딱한 물건은 공간이 작을 것이고 부드러운 물건은 공간의 크기가 클 것이기 때문이라는 것이다.

이와 같다면 세계는 무엇으로 구성되어 있을까? 데모크리토스는 알려고 하면 그 대상의 물건을 끝없이 쪼개보면 알 것이다. 예를 들면 나무는 무엇으로 구성되어 있을까?인지를 알아본다면 나무를 쪼개보면 알 수 있다는 것이다. 이렇게 쪼개보면 더 이상 쪼개질 수 없는 입자까지 다다르는데 그는 이것을 '원자(atom)'라 불렀다.

따라서 세계의 모든 것이 많은 원자로 이루어져 있으며, 세계는 이 원자와 텅 빈 공간으로 이루어져 있다고 생각하였고, "원자가 합쳐지기도 하고 떨어지기도 하면서 자연의 모든 변화가 일어난다."고 하였다. 예를 들어 나무를 계속해서 쪼개서 다른 입자가 나온다면 정반대로 이 입자들을 재결합한다면 나무로 환원될 것이라는 것이다.

그는 또한 사물만 원자로 구성되어 있는 것이 아니라 인간의 육신과 영혼도 원자의 결합에 따라 형성되었으며 원자의 결합이 해체되었을 경우는 신체와 영혼은 소멸된다는 것이다.

따라서 인간은 원자의 결합에 따라 생성과 소멸을 하므로 사후세계는 없다는 것이다. 죽으면 원자가 해체되므로, 즉 다시 말하면 무로 돌아간다는 것으로 사후세계가 없다는 것이다. 따라서 우리는 이 세상에 존재하는 한 최선을 다하며 즐겁게 살자는 것이라 할 수 있다. 이는 유물론(唯物論)적인 사상을 겸비하기도 한다.

이는 사후의 세계, 즉 천당이니 지옥이니, 극락이니 이러한 세상은 존재하지 않는다면 어떠할까? 여러분은 상상해 보았는가? 아주 끔찍할 것이다. 왜냐하면 쾌락만을 추구한다면 이 세상은 많은 위험에 방치될 것이다. 자기만의 즐거움을 위해 살인, 강도, 도둑질, 강간 등 인간으로서 하지 말아야 할 일들이 흔히 일어난다고 가정하여 보자. 얼마나 끔찍한 세상일까?

원자론의 입장에서 사물의 형성과 소멸과 발달을 설명하였으며 이 원자론을 중심으로 하는 그의 학설은 고대 그리스에 있어서 초기 유물론의 완성인 동시에, 후기 에피쿠로스 및 근세 물리학 발전에 결정적인 영향을 주었다. 그러나 이 생각은 너무 진보적이어서 그 당시에는 인정받지 못하였다.

그러나 그의 사상에서는 문제점을 발견할 수 있는데 지식까지도 감각적이라는 것이다. 원자와 허공으로부터 참된 지식은 결코 얻어질 수가 없다는 것이다. 그것은 오직 사유를 통해서만 가능하다는 것이다. 왜냐하면 그것들은 둘 다 감각으로는 지각할 수 없는 것이기 때문이다.

자세히 살펴보면 그는 감각과 이성적 사유의 작용과정이 동일하며 이성은 궁극적으로 원자 유출물들의 유입에 의해 야기되고 그것들의 운동이 사유 또한 발생시킨다. 마치 영혼 원자의 운동이 비슷하게 감각기관에서 지각을 일으키는 것과 같다. 이것은 데모크리토스가 이성이 원자들에 대한 직접적인 인식능력을 갖고 있다고 생각했음을 말해준다. 감각은 우리를 데리고 갈 수 있는 데까지 데려가고 우리가 지각의 문지방 너머 과정의 새로운 수준에로의 계속임을 암시한다.

요컨대, 데모크리토스는 비록 감각들이 실재를 반영하지 못했다고 회의적으로 생각했을지라도 그러나 이성은 그것들로부터 궁극적으로 실재에 이르는 근거들을 얻는다고 주장하고 있는 것이다. 오늘날 이미 상식이 되어버렸지만 물리적인 것, 수학적인 것도 구분 못 하고 크기를 갖는 여럿은 무조건 무한히 분할 가능하여 없어진다고 잘못 생각한 엘레아학파는 제논의 무지에 대응하여, 그는 파르메니데스적 일자의 성격과 똑같은 완전히 꽉 찬 것이되 자르려야 자를 수 없는 단단한 것을 여럿 상정하였고, 그것들이 움직일 빈 곳을 두었다. 이것이 곧 아톰, 즉 원자와 허공이다. 그리고 그것이 참된 사실인 한, 그는 엘레아학파 기준으로 이른바 "없는 것"인 허공도 "있는 것"인 원자 못지않게 모두 실제로 있는 것이라고 선언하였다.

### 이 세상의 물질은 물, 불, 공기, 흙으로 구성되어 있다.

엠페도클레스(Empedokles, BC 493~BC 433)

엠페도클레스(Empedokles)는 소크라테스 이전 시기에 활약한 대표적인 고대 그리스 철학자 가운데 하나이며 종교, 정치, 생물학, 의학 등, 많은 분야에서 업적을 남긴 유명한 인물로 평가받고 있다. 또한 그는 위의 분야뿐만 아니라 여러 개의 시작품과 함께 비극 및 정치 논설을 썼다는 기록이 남아 있으며 그중 일부는 오늘날까지 파편적으로 전해진다.

또한 종교적으로 유명한 일화가 전해지는데 그 내용은 다음과 같다.

"계절풍으로 인한 농경지의 피해가 커지자 그는 당나귀 가죽으로 만든 자루 여러 개를 산꼭대기 주변에 둘러치라고 지시했다. 이 의식을 행한 후 계절풍이 약해지자 사람들은 엠페도클레스를 '바람을 막는 남자'라고 불렀다"고 하며 "의술과 신비로운 힘을 이용해 호흡과 맥이 멈춘 여인의 몸을 30일간 유지"했다는 이야기도 있다.

엠페도클레스는 만물은 4원소로 구성, 즉 물, 불, 공기, 흙으로 구성되었으며 이것을 가능하게 하는 것은 사랑과 다툼이라고 했다. 앞에서 말하였듯이, 세상만물의 근원이 물로 구성되었다는 탈레스와 공기를 만물의 근원이라고 본 아낙시메네스, 헤라클레이토스는 불이 가진 대립, 충돌, 조화의 성질을 이용해 우주의 만물이 구성되었다고 주장했다.

엠페도클레스는 위의 세 사람의 학설과 흙을 선택하여 이 세상의 물질은 이의 4원소를 중심으로 구성되었다고 주장했다. 이 원소들은 원초적이고 궁극적인 것으로 새로 생성되거나 소멸, 변화하지 않는다. 그의 철학에서는 세상의 뿌리인 4원소가 합쳐지거나 흩어지면서 존재들이 생겨나고 사라진다. 원소 자체는 그대로 있으면서 통합과 분리는 어떻게 일어나는가? 이를 가능하게 하는 원천적인 힘은 사랑과 다툼(미움)을 통해 세계를 만들어간다는 것이다.

예를 들면 이 4원소는 모든 만물의 뿌리이며 도저히 변할 수도 없으며 원자와 같아서 더 이상 분리되지도 쪼개지지도 않는 물질이며 4원소의 배열에 따라 생성되며 소멸한다는 것이다. 즉 분리되지도 않는 이 원소들은 사랑의 기운에 따라 새로운 물질을 생성하며 사랑의 기운이 약해질수록, 미움이 강해질수록 물질은 소멸한다는 것이다. 이는 연애를 하면서 사랑이 강해지면 결혼에 골인하여 새로운 가족이 생기며, 미워하면 서로 감정이 상하여 헤어지거나 결국에는 죽음이나 살인까지도 행하여질 수도 있다는 것과 일맥상통하는 것이다.

이로 보건대 우주의 생성원리도 이와 마찬가지라는 것이다. 통합과 분리, 자연발생, 진화에 기반한 흥미로운 우주 생성론을 펼쳤다. 흩어져 있는 원소들이 소용돌이 속으로 끌려들어가 천체가 만들어진다. 이후 계속되는 소용돌이로 인해 대기가 나오고 회전을 통해 흙에서 물이 분리된다. 햇빛이 땅에 비추면 생물들이 생겨나는데 처음에는 불완전하고 괴이한 모습이었다가 오랜 시간이 흐른 다음 제대로 된 형태를 갖추게 된다. 또한 달빛을 간접적인 것으로 파악하기도 했다. 이는 진화론에서 보듯이 자연에서의 생존은 경쟁을 통하여 우주에 적합하게 발달하고 진화하여 왔으며 그렇지 못한 물질은 자연히 소멸되고 도태된다는 진화론적이고 적자생존의 원리와 같다는 것이다.

이는 물질 이외의 부분에서도 동일하게 설명을 하였는데, 그는 4원소가 신성한 힘을 가지고 있다고 보았으며, 신의 곁에 있던 영혼은 부정한 짓을 저질러 지상에 떨어졌다고 믿었다. 그의 저작 『정화』는 오르페우스교 및 피타고라스의 윤회설과 상통하는 점이 있다. 불멸하는 영혼이 육체에서 풀려나 저세상으로 갈 때까지 윤회를 반복해 정화의 과정을 거쳐야 한다고 생각했던 것이다.

인식론에 있어서 외적 존재는 우리 내부의 동일한 요소를 통해 파악할 수 있다고 보았는데 이는 의학과도 관련 있었다. 그는 생명체의 살, 뼈, 피 등의 차이를 4원소가 혼합비율 차이로 생각했으며 우리 몸을 구성하는 원소로 외부를 자각한다고 보았다. 철학사에서 엠페도클레스를 분류하는 기준은 다양하다. 일부는 원자들의 혼합과 분리를 순환의 법칙에 따른 자동적인 것으로 파악하려 했다는 점에서 그의 사상을 레우키포스, 데모크리토스 등의 고대 원자론자들과 함께 기계론으로 묶는다. 넓게는 이들 세 철학자 모두를 헤라클레이토스, 아낙사고라스 등과 합쳐서 6세기 말~5세기를 대표하는 자연철학자로 볼 때도 있다. 자연현상과 변화를 설명하는 데 있어 나름의 물리적 법칙을 찾으려 했기 때문이다.

## 4. 그리스의 철학자들

서유럽에 위치한 그리스는 스파르타, 아테네 등 조그만 나라들로 구성된 수십 개의 도시 공동체로 구성된 폴리스(polis)로 이루어진

나라였다. 이 나라는 지중해 연안을 끼고 있고 대부분이 산지로 구성되어 있어서 자연조건은 매우 불리했기 때문에 도시국가로 발전해 왔을 수밖에 없었을 것이다.

이러한 자연환경에도 불구하고 오늘날의 서양문화는 그리스문화의 영향이 매우 컸다. 그러한 이유는 다양하지만 그중에서도 자유로운 학문의 사상과 민주주의 발전, 많은 철학자들을 배출하였다고 볼 수 있다.

이 시기는 고대철학, 즉 우주는 어떻게 구성되며 생성과 소멸은 어떻게 되느냐의 근본 물질을 밝히려는 형이상학이 중심이라면 그리스를 중심으로 일어난 민주주의와 학문의 발달로 인하여 현세본위의 인간중심의 사상이 일어난 시기이기 때문이며, 당시의 페르시아 전쟁의 참화로 인하여 현세 위주의 인간주의와 심미적 발달이 자연적으로 발생하였기 때문이다. 따라서 자연철학에서 벗어나 모든 관점들을 지상에서 인간에게로 향했다는 점에서 고대 철학과는 분명히 다른 형태로 볼 수 있다.

## 소피스트(Sophist)의 등장

BC 6세기 말에서 BC 5세기까지의 시기는 폴리스의 격동기였다. 폴리스의 격동기라는 것은 전쟁의 가운데서 일어난 철학적 격변의 시기라는 것이다. 소피스트들은 BC 5세기 후반기에 활약한 사람들로서 흔히 소피스트의 대표자로서 프로타고라스, 고르기아스, 히피아스, 프로디코스 등을 든다.

당시에 페르시아 대전으로 인하여 BC 480년에 아테네가 지휘하는 그리스 연합함대가 다리우스왕의 후계자인 크세르크세스왕을 대파한 이래로 아테네는 사회, 문화, 정치적으로 많은 변화를 가지고 왔다. 마라톤의 승리는 주로 농민, 수공업 노동자 출신에 의한 것이므로 그들의 사회적 지위의 향상을 가져왔으며 마침내 귀족의 특권을 빼앗아 민주제(democratia)를 확립하였다.

이로 말미암아 아테네는 정치, 문화, 경제의 중심지로 번성하였고 누구나 정치무대에 진출할 수 있으며 이제는 문벌과 재산에 관계없이 능력만 있으면 누구든지 화려하고 매혹적인 정치무대에 나설 수 있게 되었다.

이로써 아테네는 각 분야에서 많은 인재를 양성할 필요성을 가지게 되었으며 청년들이 입신양명을 꿈꾸며 도시로 몰려들어 많은 인적자원이 필요하게 되었을지도 모른다. 이리하여 정치, 문화의 중심도 주변의 식민지로부터 본토의 아테네로 옮아가 이곳에서 찬란한 꽃을 피우게 되었다. 이렇게 하여 신사회, 신사상, 신 도덕을 찾는 소리가 요란히 울려 마침내 아테네 계몽기의 발전을 보게 된다. 당시의 정치, 경제 등의 발전에 따라 나타난 현자들이 바로 소피스트(Sophist)들이다.

이들은 갑자기 늘어난 여가로 인하여 많은 교육적 욕망이 일어났으며 자유교육이 필요하게 되었다. 따라서 이들을 교육하기 위한 세력들이 나타나기 시작하였는데 이러한 지식인들의 단체를 '지혜의 스승'이라는 의미인 소피스타이(Sohistai)라고 부른 데서 유래한다. 이를 다르게 번역하면 궤변론자, 혹은 소피스트(Sophist)라고 한다.

이러한 시기에 화려하게 등장한 철학자들은 프로타고라스, 고르기아스, 히피아스 등이 대표적인 인물들이다. 이들의 대표적인 특징은 보편타당한 진리는 존재하지 않으며 인간의 주관에 따라 지식도 상대적으로 변화할 수 있다는 것이다. 다시 말하면 이들은 정치가를 꿈꾸는 청년들에게 연설하고 청년들에게 입신양명(立身揚名)을 위한 웅변술에 치중하였기 때문이다. 그들의 이론은 회의적이고, 상대적이며, 궤변적(詭辯的)이라는 이유가 바로 여기에서 연유된 것이라 볼 수 있다. 플라톤은 그들을 '학자요, 지혜가 있기 때문에, 논쟁의 한 머리가 없어지면 그 대신에 무수한 머리를 내미는 괴물'이라 평하였다.

이들은 처음에는 당시의 상황에 들어맞아 수사학, 웅변술을 가르쳤기 때문에 많은 부를 축적할 수 있었다. 다시 말하면 소피스트들이 가졌던 이론인 회의주의, 지식과 윤리관의 상대주의, 출세지향주의, 민주주의 발달로 인한 신념의 표현 등은 당시의 상황과 많은 일치감을 보였기 때문에 큰 호응을 불러왔다.

예를 들면 상업의 발달로 인하여 분쟁이 잦아지면서 재판이 성행하였기 때문에 재판에 승리하기 위해서는 수사학이 필요했으며 정치가가 되기 위해서는 반드시 승리를 필요로 하였기 때문에 상대방에게 승리만 한다는 식의 과정보다는 결과를 중시하게 되었으며 선악은 승자에 의해서 판가름이 난다는 것이다. '정의는 오직 강자만의 것이라는 생각이 팽배해진다'는 것이다. 그러나 당시의 젊은이들에게 인기를 누렸지만 다음과 같은 이유에서 비판을 받은 것은 사실이다.

첫째, 과정보다는 결과에 너무 충실하였다는 점이다. 이로 말미암아 모든 것에는 윤리도, 도덕도, 지식도 상대에 따라 달라지므로 사회적 혼란을 가져오게 했다는 것이다.

둘째, 가르친 것에 비해 너무나 많은 부를 축적했다는 것이다. 이는 교육에 있어서 진리를 등한시하고 출세 지향적인 젊은이들을 이용하여 많은 보수를 취했다는 것이다. 당시의 철학자인 소크라테스가 시장바닥을 전전하면서 젊은이들을 교육시킨 것에 비하면 너무나 많은 부를 축적했다는 것이다.

셋째, 이로 말미암아 당대의 철학자인 소크라테스를 죽음으로 몰아갔다는 것이다. 당시에 무보수로 젊은이들에게 진리를 가르친 것을 시기하여 그를 법정에 세워 죽음으로 몰아갔다는 데서 그들을 좋지 않은 시각으로 보는 것은 어쩌면 당연한지도 모른다.

### **고르기아스**(Gorgias, 회의주의, BC 483~BC 374)

고르기아스(Gorgias)는 본래 펠로폰네소스전쟁 중에 그리스의 조그만 섬인 시칠리아에서 아테네에 왔으며 엠페도클레스의 제자였다. 그의 말은 많은 사람들을 감동시켰는데 외교관으로서 혹은 뛰어난 웅변가로서 유명했다고 전해진다. 고르기아스는 원래 자연철학을 공부했으나 엘레아학파의 철학을 접하고 난 뒤 철학적 회의론자가 되었다고 전해진다. 고르기아스가 문제로 삼는 것은 무엇보다도 말(logos)이며 지식이다. 자연철학적인 문제의식에서 로고스로 관심이 전환된 것이다. 자연철학에서 로고스철학으로 나아가는 시점에서 고르기아스의 관심은 로고스로 이행되었고 언어와 지식의 문제에서 엘레아 철학에 반대하여 회의적 기획을 보여주게 된다.

그도 역시 당대의 소피스트들과 마찬가지로 지식들은 주관적으로 달라질 수 있다는 상대주의라고 했다. 가령 도끼를 정의하면서 나와 홍길동은 다르게 생각할 수도 있다는 것이다. 따라서 누구에게는 연장이 될 수도 있고 살인흉기로 변할 수 있다는 것이다. 사용의 용도에 따라 참인지 거짓인지를 알 수 있다는 것이며 이 세상에는 절대적인 지식은 존재하지 않는다는 것이다. 이는 다음과 같이 설명할 수 있다는 것이다.

첫째는 그것이 "~이지 않음에 관하여"이다. 먼저 이 논변이 철학적으로 진지한 논변이 아니라 농담이나 패러디로서 만들어졌거나 기껏해야 수사학적인 연습 정도에 불과하다는 것이다. 이는 글을 쓸 때 진지한 주제들을 일종의 유희로 사용한다는 것이다. 다시 말하면 이와 같은 과정은 진지한 주제를 탐구할 수 있는 방법과 동시에 원동력을 제공한다는 것이다.

두 번째는 고르기아스가 말하는 바를 진지하게 받아들이는 입장으로 이들은 "~이지 않음에 관하여"를 엘레아학파에 대한 전폭적이고 주의 깊은 공격으로 받아들였다. 이런 부류의 해석에서는 'einai' 동사가 '존재'를 의미하는 것으로 여긴다. 이러한 입장에서 코플스톤은 "~이지 않음에 관하여"의 첫 번째 명제에 대한 논증을 다음과 같이 해석한다. 이를 쉽게 말하면 다음과 같다.

첫째는 이 세상의 모든 것은 존재하지 않는다는 것이다. 만약 어떤 것이 존재한다면 그것은 영원하거나 또는 생성되었어야 할 것이기 때문이다. 그러나 그것은 생성되었을 수 없다. 왜냐하면 어떤 것이 반드시 존재해야만 다른 존재를 만들어낼 수 있으므로 또한 존재는 영원하지도 않은데 새로운 존재가 나타날 리가 없다는 것이다. 즉 무한자는 존재하지도 않다는 것이다.

따라서 이 우주에 있는 삼라만상들은 우리 인간에게는 착각이라는 것이다. 다시 말하면 잠깐 왔다가 사라지는 것이며 우리 인간은 마치 존재한다고 믿고 있다는 것이다. 결국은 아무도 없다는 것이다.

가령 우리 앞에 보이는 물, 바람, 자연, 세월 등은 영원히 존재하지 않아서 잠깐 왔다가 사라진 것뿐인데 우리가 존재하고 있다고 생각한다는 것이다.

둘째는 비록 우리가 존재한다고 할지언정 우리는 그것을 인식할 수 없다는 것으로 인식활동에 있어서 상당히 회의적이다. 이는 우리 인간의 인식능력을 믿지 못한다는 것이다.

인간은 이 우주에서 한낱 미물에 속할 뿐이라는 것이다. 따라서 우리가 알고 있는 것은 매우 한정적이라는 것이다. 이 한정적인 것도 시대에 따라 달라질 수 있다는 것이다. 가령 과거의 지식이라는 것들도 과학의 발달로 인하여 새로운 지식으로 변화할 수 있다는 것이다. 따라서 우리가 알고 있는 지식은 아주 일부분이라고 볼 수 있다는 회의적인 인식론을 주장했다.

셋째는 '무언가~인 것이고 알 수 있다고 하더라도 다른 이에게 전할 수 없다'이다. 이는 우리가 그 존재를 인식한다고 했을 때 고르기아스는 인식활동보다 언어가 더 근본적인 문제라고 생각하며, 이 언어의 근본적 기능인 '전달'을 문제 삼는다.

우리가 많은 지식들을 인식한다고 가정하자. 이러한 지식의 내용을 완벽하게 타인에게 전달할 수 없다는 것으로 이해된다. 왜냐하면 이 지구상에는 많은 언어가 상이해서 똑같은 내용을 정확히 전달할 수 없다는 회의론을 주장한다.

고르기아스는 이러한 회의적 상황을 극복하기보다는 삶과 언어에 필수불가결한 것으로 받아들임으로써 내보이는 수사학이라는 새로운 긍정을 이끌어낸다.

가령 두 사람이 연애하며 사랑에 빠졌다고 가정을 해보자. 이러한 연애의 감정을 남에게 정확히 전달하는 데 한계가 있다는 것이다. 또 한편으로는 말로 전해졌다고 하자. 이는 분명히 과장과 포장으로 얼룩져 본래의 사상과 감정이 달라질 수 있다는 것이다.

오늘날 특히 이러한 문제들이 사회 곳곳에서 발생하는 데 있다는 것이다. 정치인들이 우리 사회를 더욱 혼란하게 만드는 것이 전달의 문제, 소통의 문제가 심각하다는 것이 어쩌면 당연할는지도 모른다. 소통의 문제로 볼 수 있다.

고르기아스는 우리가 상호 간의 전달에 실패할 수밖에 없음을 밝히고, 말의 일방적 성격에 주목한다. 이 일방성은 말에 대한 회의주의를 극복하는 것이 아니라 긍정하는 것이다. 그렇기에 고르기아스는 말이 신념으로 이루어졌고, 설득하는 것이며, 하나의 유희라고 말하는 것이다.

### 디오게네스(BC 412~BC 323)

디오게네스는 시노페라(오늘날 흑해지방으로 추정)라는 그리스의 한 도시에서 '퀴니코스(kynikos) 철학자'로 불리는데 당시에 소크라테스의 철학에 영향을 받은 그는 개처럼 떠돌아다니면서 그의 사상을 전파하거나 혹은 그들이 토론한 장소의 이름이 '퀴노사르게스(kynosarges)'였기 때문이라 주장하는 데서 유래되었다고 알려져 있듯이 이들이 삶을 '개 같은 것(kynikos bois)'으로 여겼다는 데 있다는 것이다.

그는 거리를 돌아다니면서, 대낮인데도 불구하고 등불을 켜 들고 다니며, "사람을 찾고 있다."고 할 정도였기에 그의 기이한 행동들을 기록할 정도로 그의 행동에 관한 기록들은 정확하지도 않으며 단순히 일화로서 전해지고 있다. 그의 부친은 시정을 담당하는 공무원으로 비교적 부유하고 특권층의 계급에서 출생하였다고 전해지나 그것도 정설은 아닌 것 같다.

그러나 당시의 시노페는 중계무역으로 유명한 곳으로 아테네인들의 거주로 인하여 그리스 문명의 중심으로 여겨진 곳 중의 하나였다. 자연히 이곳은 상업의 발달로 인하여 이 지역의 화폐인 경화(硬貨)는 귀중한 통화가치를 지녔으나 그의 아버지가 공무원으로 경화를 담당하였는데, 이 도시의 화폐 품질을 저하시켰다는 이유로 고발당함에 따라 그는 아버지와 함께 망명을 떠날 수밖에 없는 처지에 몰리게 되었다.

여기에 대해서는 두 가지 정설이 있는데 그 하나는 화폐의 품질을 일으킨 자는 본인이었기 때문에 탈출을 하였다는 설과 또 하나는 부자 모두가 유죄선고를 받았으며, 히케시아스는 결국 감옥에서 사망했고, 디오게네스만 어찌어찌 도망칠 수 있었다고 한다.

이러한 연유로 인하여 고향과 시민권과 재산, 그리고 그는 가족이 없었기 때문에 이와 같은 인생을 살았는지도 모른다. 그의 삶에 대한 일화가 전해지는데 그의 집은 주택이 아니라 큰 와인 항아리에서 잠을 잤으며 여름에는 모래밭에서 생활했으며 겨울에는 눈에 덮인 조상(彫像)을 껴안을 정도로 고난을 이겨내려는 의도를 가졌으며 어느 날 길을 가다가 어린 소년이 자기 손에 물을 받아먹는 모습을 보고는 대오각성하였다. 그는 말하기를 “나는 얼마나 바보였던가. 이제껏 줄곧 불필요한 짐을 들고 다녔다니!”

따라서 그 이후로 모든 것을 버리고 자유를 즐기면서 살아가고 있다는 점에서 그를 개처럼 살아간다고 해서 견유철학자라고 불렀는지도 모른다. 그는 당시의 도덕과 규범, 관습도 모두 벗어버리라고 종용한다. 그것은 오히려 삶을 거추장스럽게 한다고 하여 자유스럽게 살아야 할 필요성이 있다고 주장한다. 그에 대한 실례로 그의 외모는 불량스러웠으며 시장바닥에서 공개적으로 자위행위를 하곤 했다는 일화도 전해진다.

또 한 가지의 일화로도 유명하다. 어떤 남자가 자기 집에 들어가서 바닥에 침을 뱉지 말라고 주의를 주자 그는 그 남자의 얼굴에 가래침을 뱉으면서 당신 집에는 당신의 얼굴보다 더러운 것이 없어서 당신의 얼굴에 뱉었다고 전해진 일화로 볼 때 매우 특이한 인물인 것은 사실이다.

여기에서 보듯이 소유나 가족이나, 사랑이나, 우정이라든지 아무 곳에 속박됨이 없이 공개적이고 자유롭게 살다간 견유학파의 대표적인 철학자였다.

## 지식의 상대주의를 택한 프로타고라스

(Protagoras, BC 485?~BC 410?)

프로타고라스는 그리스 북동쪽의 아브데라(Abdera)에서 태어났지만 곳곳을 돌아다니며 사람들을 가르쳤다. 비록 『플라톤의 대화편』에서 프로타고라스의 사상을 상세히 거론하고 있으나 프로타고라스의 저서 중 겨우 일부만이 전해지고 있다.

프로타고라스는 70세까지 살았다고 전해지지만 정확히 그가 죽은 날짜와 장소는 알려지지 않는다. 기원전 5세기 동안 아테네는 번창하여 중요한 도시국가로 발전했고, 페리클레스(Pericles, 기원전 445~429년)의 지도력으로 학문과 문화의 '황금시대'를 맞이했다. 그로 인해 그리스 모든 분야의 사람들이 아테네로 몰려들었고, 법을 잘 알고 해석할 수 있는 사람들은 얻을 수 있는 수익이 매우 컸다.

그는 당시의 소피스트학자들과 마찬가지로 금전적인 여유가 되는 사람에게 법과 수사학을 강의하였으며 실질적인 문제보다는 논거를 중시하는 데 있어서 철학과 밀접하다고 볼 수 있다.

그는 모든 인간이 사물의 진리를 측정하는 데 가장 기준이 된다는 '인간 척도론', '인간은 만물의 척도다.'라는 것을 제창한 인물로 알려졌다. 다시 말하면 보통은 사물이 중심이 되는 데 반하여 그 논거가 아무리 거짓이더라도 사람들을 설득시킨다면 진리가 될 수 있다면서 참과 거짓은 사람에 따라 달라질 수 있다는 것이다.

예를 들어, 분필이 있다고 가정을 하자. 건강한 사람과 황달에 걸린 사람의 분필에 대한 색감은 달라질 수 있다는 것이다. 건강한 사람은 하얀색을 하얗게 볼 수 있는 데 반하여 눈이 건강하지 못한 사람은 다르게 볼 수도 있다는 것이다.

또 하나의 예는 보통 물이라고 했을 경우 보통사람과 달리 강원도 태백지방에 사는 학생들의 눈에는 물이 검은색으로 보인다는 것이다.

이에 의하면 지식이라든지 믿음, 신념 등은 개개인의 상황에 따라 달라지므로 그 가치의 척도는 바로 인간이라는 것이다. 따라서 이것에 의하면 아무리 논거가 잘못되었다고 해도 지식과 신념은 상대성을 가지고 있기 때문에 최악의 소송이라도 이길 수 있다는 것이다. 이것이 인간이 만물의 척도라는 것이다.

이와 마찬가지로 감각적인 것도 마찬가지라는 것이다. 우리의 감각기관인 코, 혀, 눈 등도 상황에 따라 달라질 수 있다는 것이다. 이를 정하는 것도 마찬가지인 인간이라는 것이다. 예를 들어 아침에 일어났을 때 보는 대상과 저녁에 보는 대상은 환경에 따라 분명히 달라질 수 있다는 것이다.

또한 키가 작고 못생기고 아무리 보아도 탐이 나지 않을 것 같은 남성과 예쁘고, 교양 있고, 품위 있는 여자가 부부라고 치자. 누가 사실로 받아들일 수 있는가? 이렇듯 이러한 감각적인 것도 각 개인의 주관에 따라 이루어진다는 것을 의미한다.

이처럼 우리가 겪는 생활의 경험도 객관적인 사물에 있는 것이 아니라 상황에 따라 달라진다는 것이다.

당시에 법과 정치학 분야에서 흔했던 이 추론의 방식은 철학에서는 새로운 것이었다. 이 방식은 인간을 중심에 놓아둠으로써 철학적 논거에서 종교를 제외하는 전통을 지속시켰고, 또한 철학의 중심을 우주의 본질을 탐구하는 분야에서 인간의 행동을 탐구하는 분야로 옮겨놓았다.

따라서 이와 같은 관점으로 정의나 도덕에 관해서도 상대에 따라 달라질 수 있다면서 절대적인 것은 존재하지 않는다고 보았다. 이런 상대주의는 또한 '무엇이 옳고 그른가?'라는 도덕적인 가치관에 적용된다.

이는 상반되는 주장은 어느 것이나 참된 것인데 변론가는 그 어느 것을 위해서도 변론하여 이길 수 있다는 것을 알고 있고 또 그들은 어느 나라의 도덕이건 교묘하게 설교할 수 있다고 하였다.

소피스트로서 표방한 덕의 교육이란 이러한 실생활의 성공의 수단을 가르치는 것을 의미하며 그 입장은 직업적 국민교육가의 그것이었다. 소크라테스와 플라톤은 소피스트들을 그저 수사학자라고 조롱했지만 프로타고라스 같은 소피스트들은 절대적인 것은 전혀 존재하지 않으며, 도덕적 판단을 비롯한 모든 판단은 주관적이라는 관점을 지향하는 윤리학 분야에 중요한 발판이 되었다.

제3장

# 소크라테스

Socrates,
BC 470~BC 399?

1. 너 자신을 알라
2. 지식과 행동은 일치해야 한다. [지행합일설]
3. 악처로 소문난 아내 크산티페 (Xanthippe)
4. 소크라테스의 철학
5. 소크라테스의 제자들

고대, 중세로

떠나는

서양철학사

# 제3장

세계 4대 성인 중 한 사람인

## 소크라테스

(Socrates, BC 470?~BC 399)

세계 4대 성인 중 한 사람인 소크라테스(Socrates)는 조각가인 아버지와 산파인 어머니 사이에서 태어난 것으로 추정된다. 왜냐하면 그에 대한 기록은 당시에 남겨지지 않았을뿐더러 있더라도 그의 제자인 플라톤, 아리스토텔레스의 저서를 통해서 나타난 것이기 때문이다. 그가 태어난 시기는 민주정치가 발달하여 학문적 요구가 고조된 시기라 볼 수 있으며 무엇보다도 소피스트들의 활동이 왕성한 시기라 볼 수 있다. 그는 전쟁이 발발하자 40세의 나이에도 불구하고 세 번이나 전쟁에 참여하였고 전투에서 용맹을 떨친 걸로 유명하다.

그는 전쟁이 끝난 뒤에는 잠시 의회에 몸담았으나 나머지 일생은 시장바닥이든 거리든 군중들이 있는 곳이라면 어디든지 나타나 열띤 토론을 벌였으며 진리와 지식들을 설파하였다. 따라서 그를 거리의 철학자라고 불렀는지도 모른다. 하지만 이러한 행위는 당시에 기승을 부리던 신흥 정치세력과 소피스트에게는 눈엣가시일 수밖에 없었을 것이다. 젊은이들에게 정치적인 선동과 폭력을 조장하는 일종의 정치적 행위로 볼 수밖에 없었을 것이다.

그는 처음에는 아낙사고라스의 영향을 받아 한때 자연철학에 심취하였으나 인간의 문제에 눈을 뜨게 된 것은 델포이(Delphoe)신탁에서의 영향이 컸던 것으로 짐작이 된다. 자연철학에서는 그가 관심을 가졌던 영혼이라든가 지식이라든가 혹은 정의라든가?에 대한 물음에 충분하지 않았던 것으로 볼 수 있다.

당시에 성행했던 인간에 대한 문제는 회의론과 상대주의적인 관점에서 보았기 때문에 그에게는 충분하지도 설득력 있지도 않았던 것이다. 따라서 그는 이와 같은 인간에 대한 궁극적인 문제를 탐구하기 위하여 거리로 시장으로 나아가 누추하고 못생긴 얼굴로 누구에게나 질문을 하였으며 그에 대한 답을 구하곤 하였다.

'인간은 만물의 척도'라는 인본주의적인 관점에서 시작된 그는 인간에 대하여 알려고 하였으나 소피스트들의 명쾌한 답을 듣지 못하고 결국에는 정신적인 고아로 방황하곤 하였다. 당시에 소피스트들은 내로라하는 현자들이었으나 소크라테스에게 충분한 답을 제공하지 못하였기 때문이다.

## 1. '너 자신을 알라'

이러한 시기에 획기적인 전환기를 맞이한 것은 Delphoe신탁에서의 답변을 통해 이 세상 최고의 현자는 소크라테스 자신이라는 것이다. 왜냐하면 당시의 현자들은 자신이 무지하다고 인정하지 않았고 그 자신이 이 세상에서 가장 똑똑하다고 생각하고 있었기 때문이다. 이 같은 예는 당시의 신전에서 친구들이 신에게 "이 세상에서 가장 똑똑한 사람은 누구입니까?"라고 묻자 신전의 무녀는 "소포클레스는 현명하다. 유리피데스는 더욱 현명하다. 그중에서도 소크라테스는 가장 현명하다."라는 답변을 통해 이를 확인하고자 여러 현명한 사람들을 찾아가 대화를 나누었지만 그들은 참된 지혜와 지식을 알지 못하면서 현자인 척했던 것을 알자 실망한 나머지 모든 시간과 정력을 지식과 지혜를 탐구하고자 열중했을는지도 모른다.

그는 당시에 신전 양쪽에 새겨진 '너 자신을 알라'라는 표어를 너무나 잘 알고 있었으나 당시의 현자들은 자기 자신이 무지하다고 생각하지는 않았을 것이다. 다시 말하면 자신은 자기 자신이 무지하다는 것을 너무나 잘 알고 있었으나 그들은 '무지의 지'를 모르고 있었다는 것이다.

이는 철학의 정의에서 나타나듯이 진리는 무지에서 출발하여 지식과 지혜를 사랑하는 것이라고 했듯이 자신이 무지하다는 것을 자각할 때만이 지적 호기심을 충족하기에 충분하다는 것이다. 따라서 소크라테스는 신탁을 받은 후 자기 자신 본연의 인간 존재로 돌아가 애지자로서의 삶을 살아가도록 권고받았을 것이다.

## 2. 지식과 행동은 일치해야 한다. [지행합일설]

소크라테스에 있어서 아는 것과 행하는 것은 별개의 것이 아니다. 선을 아는 것은 선을 행하는 것으로 이어진다. 즉 지(知)는 덕(德)으로 나타난다. 우리는 흔히 선이 무엇이며 정의가 무엇인지 알면서도 선과 정의를 행하지 못한다고 말하지만 그것은 잘못된 생각이다. 선에 대해서 올바른 인식을 가진 자는 선을 행하지 않을 수 없게 된다. 왜냐하면 올바른 인식은 행위를 유발하는 힘을 지니기 때문이다.

소크라테스가 지행합일을 주장했을 때, 아는 것이란 단순히 머리로만 아는 것을 의미하지는 않는다. 그것은 몸 전체로 아는 것을 말하며 자신의 체험에서 우러나온 산지식을 의미한다. 알고 느끼고 결단하는 종합적이고 전인적인 지식이야말로 참된 지식, 즉 진지라고 할 수 있다. 그리고 이러한 진지를 소유하게 될 때는 필경 행위가 뒤따르게 된다는 것이 지행합일의 본래적인 의미이다. 그러므로 지식 없이 덕이 없고 덕으로 나타나지 않은 지식은 참된 지식이 아니다. 참된 지식이란 결코 지식을 위한 지식이 되어서는 안 되며, 그것은 행과 연결되면 덕을 산출하는 지식이어야만 한다. 소크라테스의 산파술은 단순히 대화를 위한 것도, 지식을 산출하기 위한 것도 아니었다. 오히려 대화를 통해 참된 지식을 이끌어내고, 참된 지식을 통하여 모든 아테네 시민들이 올바르고 가치 있는 삶을 살도록 하려는 것이 소크라테스가 의도했던 산파술의 근본적인 목적이었다.

## 3. 악처로 소문난 아내 크산티페(Xanthippe)

우리가 소크라테스에 대한 언급을 할 때 빠지지 말아야 할 인물이 등장하는데 바로 그의 아내인 크산티페(Xanthippe)이다. 우리가 악처로 알고 있는 크산티페는 첫째 부인인지 둘째인지는 모르나 소크라테스와는 나이 차이가 큰 것으로 추정한다. 왜냐하면 소크라테스가 두 가지의 죄목을 가지고 법정에 섰을 때 장성한 아이와 어린아이 둘을 데리고 법정에 나타난 기록으로 보아 두 사람의 나이 차이는 약 20년 이상이 되었을지도 모른다. 당시의 소크라테스는 나이가 70살에 이르렀기 때문에 아무리 여성의 가임기를 생각해 보더라도 이와 같은 계산이 나올 수 있다는 것이다.

당시에 그리스는 일부일처제를 법적으로 취하고 있었으나 소크라테스는 두 명의 아내를 거느리고 있었던 것으로 기록에 나타나는데 그 이유는 당시에 전쟁이 빈번하여 남자들이 부족하거나 인구증가의 목적으로 잠시 법령을 완화하였는지도 모른다고 추측하고 있다.

소크라테스는 당시에 생계를 꾸리는 데 무관심하였고 오로지 제자들을 밤낮으로 가르치는 데만 몰두하였다. 따라서 생계는 친구들과 부인의 노력으로 이어갔다. 왜냐하면 당시의 소피스트들처럼 보수를 받지 않고 진리를 전파하는 데만 시간과 정력을 바쳤기 때문이다. 이와 같은 내용은 플라톤의 저서에도 나타난다. 이에 대해서는 나중에 설명이 있을 것이다.

여기에서 부인과의 일화가 전해지는데 소개하면 다음과 같다.

어느 날 아침 소크라테스의 제자들 앞에서 호통을 치며 물벼락을 내리자 그는 제자들에게 "그것 봐. 천둥이 지나고 난 뒤에는 반드시 비가 내리거든"이라고 천연덕스럽게 말하곤 했다. 또 한 가지는 제자들이 소크라테스에게 다음과 같이 물었다. "선생님 결혼하는 것이 좋습니까? 아니면 안 하는 것이 좋습니까?" 그러자 그는 "결혼하게. 온순한 아내를 얻으면 행복할 것이고 사나운 아내를 얻으면 나처럼 철학자가 될 것이기 때문이야"라고 답변한 일화가 유명하다.

이로 추정하건대 가정과 생계를 책임지지 않고 길거리로 돌아다니면서 젊은이들의 지혜와 지식을 전수하는 데 몰두한 그에게 좋지 않은 감정을 가진 것도 사실이다. 아마도 그녀는 생계를 책임지지 않는 그에 대하여 감정이 좋지 않았을 것이다.

그럼에도 불구하고 전혀 사이가 나쁘다는 것은 아닐지도 모른다. 왜냐하면 많은 나이 차이에도 불구하고 5명의 자녀가 있다는 것만 보아도 혹은 당시의 철학자들처럼 여자를 기피하지 않고 주위에는 항상 여자들로 넘쳐났으나 오로지 크산티페에게서만 자녀를 보았기 때문이고, 사형선고를 받고 감방에 면회 오는 장면이 있는 것으로 보아 썩 나쁘지는 않았을는지도 모른다.

하여튼 중요한 것은 그녀는 소크라테스가 위대한 철학자로서 살아가게 하는 데 일조했다는 것이다. 왜냐하면 그녀는 소크라테스에게 경제적인 측면에서 해방시켜 거리를 돌아다니면서 젊은이들을 각성하게 했기 때문이다. 크산티페가 악처라고 한 것은 오히려 소크라테스가 경제적 임무를 소홀히 한 것에 대한 동정론이었을지도 모른다.

## 4. 소크라테스의 철학

여기에서 분명히 알고 넘어가야 할 것은 그는 죽을 때까지 글을 한 자도 남기지 않았다는 것이다. 4대 성인들의 특징을 살펴볼 때, 다른 사람들보다 개인적인 삶을 포기하고 인류를 위해 헌신했다는 점과 그들은 저술을 하나도 남기지 않았다는 것이다. 따라서 그에 대한 기록이 없으므로 여기에서는 그의 제자가 기록한 저서들을 중심으로 논의하고자 한다. 여러 제자들이 존재하지만 그중에서도 애제자였던 플라톤의 기록이 제일 신빙성이 있다고 보아야 할 것이다. 왜냐하면 죽음에 도달할 때까지 그는 스승의 곁에 있었기 때문이다. 여기에서는 플라톤의 대표적인 저서에 등장한 그의 모습을 통해서 철학사상을 논의할 것이다.

## 법정에 출두하는 장면을 그린 대화편 [Euthyphro]

Euthyphro는 『플라톤의 대화편』에 나오는 4부작 중 첫 번째의 것으로 소크라테스와 신관(Euthyphro)과의 대화를 소개하는 부분이다. 여기에서는 신관에게 법정으로 가는 이유를 피력하는데 그는 '어디를 가느냐?'는 신관의 물음에 당시의 아테네인들이 자기를 모함하여 두 가지 죄목에 의해 법정으로 간다고 밝히고 있다.

두 가지 죄목 중 '하나는 자신이 아테네 청년들을 타락시켰다는 이유와 두 번째는 국가가 인정하는 신을 부정하고 새로운 신을 만들었다고 하는 죄명'이라고 그는 신관에게 말했다.

그는 법정에 가는 동안 그의 고소인인 Meletus가 경불경죄로 자기를 고발했으니 경과 불경은 무엇입니까?라고 신관에게 물었다. 신관이 답하기를 죄가 있는 사람을 차별 없이 처벌하는 것이 경이고, 그렇게 하지 않는 것이 불경이라고 했다. 이에 대한 답변을 듣고 난 뒤 보다 일반적인 답을 요구하였으나 그는 다시 답하기를 신을 사랑하는 것이 경건(Piety)이라 하는 답을 듣고는 실망을 금치 못하였다. 이에 소크라테스는 답하기를 인간이나 신은 서로 증오하고 논쟁하듯이 사물에 대해 신도 다르게 볼 수도 있다는 것이다. 그러면 이러한 사물에 대해 공정하게 묻는다고 하면 어느 신에게 물어보아야 하며 동의를 받을 수 있는가?라고 또다시 질문을 가하자 신관이 잘 대답하지 못하고 망설이는 것을 보며 실망감을 가졌다.

소크라테스는 인간이나 신이나 사물을 보는 견해가 달라서 공통된 견해가 있다는 것을 어떻게 증명하느냐가 관건이었다. 신들도 사물에 따라 미워하거나 사랑하거나 하는 견해차이가 반드시 존재한다는 것이다.

여기에서 중요한 것은 소크라테스의 대화법이 나타나고 있다. 그의 방법은 질문과 응답을 통해 새로운 사실로 접근하는 방식이며 후세에는 그와 같은 방법을 대화법, 반어법, 산파술이라 칭한다. 처음에는 단순한 것으로부터 출발하여 심오한 해답으로 접근하는 방식인데 예를 들면 "개는 어떤 동물입니까", "예 다리가 네 개지요", "그러면 다리가 네 개 있는 것은 고양이도 있고 염소도 있고 호랑이도 있는데 이 모두가 개입니까?"라는 식의 질문과 응답을 통해 지식과 지혜를 찾아가는 방법을 말한다.

이러한 방법을 대화법 혹은 산파법이라고 하는데 그의 어머니가 산파인 것에 착안하여 만들어진 방법이라 볼 수 있다. 다시 말하면 이를 우리는 '소크라테스적인 반어법'이라고도 부른다는 것이다.

이는 산모가 아이를 낳지 않듯이 아이들에게 지식을 주입하는 것이 아니라 지식에 접근하는 방법을 도와주어야 한다는 것이다. 따라서 교사는 아이들에게 단순히 지식을 전달하는 것이 아니라 그들이 지식에 도달하는 방법에 관심을 가져야 아이들은 참된 지식에 도달할 수 있다는 것이다.

이는 우리나라 교육에서는 상상도 못할 일이다. 현 교육제도에서는 불가능하다는 것이다. 왜냐하면 입시제도의 문제점, 출세주의, 황금만능주의로 인하여 각 교육기관에서는 감히 엄두도 내지 못할뿐더러 이 사회나 학부모나 선생님들이 기다려주지를 않기 때문이다.

소크라테스의 교육방법은 오늘날 우리 교육제도에 주는 시사점이 매우 크다고 볼 수 있다.

### 재판장에서 변호인 없이 변호하는 장면 [Apology, 변명]

이 『대화편』은 두 번째 작품으로 변호인 없이 앞에서 고발한 내용이 사실이 아니라고 홀로 변호하는 장면을 그린 작품이다. 그는 여기에서 조목조목 자기의 죄목이 무죄라고 밝히고 있는데 서두에서 그는 시장에서 청년들을 가르쳤던 방식으로 변호를 하겠다고 양해를 구한 뒤 재판관에게 자기의 변론을 시작하고 있다.

그는 청년들을 타락시켰다는 죄목에 있어서는 혹자들은 "나를 보고 악을 행한 자이고 또한 이상한 사람이라고 하고 하늘과 땅밑에 있는 것을 탐구하고 좋게 보이도록 하는 사람이며 그러한 것을 다른 사람에게 가르치려고 한다"면서 자신은 이에 대하여 변론하기를 청년들은 사색을 통하여 새로운 지식을 추구하려는 모습과 당시의 소피스트들은 청년들에게 많은 보수를 받고 가르치는 반면에 자신은 보수를 받지 않는 것에 대한 일종의 시기이며 질투심의 발로라고 일축하였다.

국가가 인정하는 신을 부정했다는 죄목에서는 자기 자신은 무지함을 깨닫고 꾸준히 지혜로운 자를 찾아가 지혜를 얻고자 하였으며 스스로 옳지 못한 행동에 대한 양심의 소리를 듣곤 하였는데 이를 두고 자기를 시기해 온 아테네 시민들이 매도하였다고 했다. 이때 아테네 시민이라는 사람은 당시의 기득권을 가진 소피스트 및 기성정치인이었다.

이를 두고 소크라테스는 "오직 나만 제외하고는 모든 아테네인들이 그들을 선량하게 만드는 데 나만이 그들을 타락시키는군"이라며 해학적으로 묘사했다.

여기에서 그는 아테네 사람들에게 무엇이 중요한지를 분명히 해두었다. 돈이나 명예보다는 자기 영혼을 선량하게 해야 한다는 것이다. 따라서 그는 돈에서 덕이 나오는 것이 아니라 덕에서 돈과 인간에게 좋은 것이 나온다고 하면서 당시의 세속적인 관점에서 다른 의견을 피력하여 당시 젊은이들의 부모님에게는 설득력을 잃어버렸을는지도 모른다. 그러나 이와 같은 그의 가르침은 당시에 큰 반향을 일으켰다. 이와 같은 사상은 당시의 기득권층에게는 충격으로 다가왔을 것이다. 그렇든 말든 소크라테스는 이와 같은 교육의 방식을 계속 고집했다.

그러면서 또다시 변명하기를 "여러분들이 알아야 할 것은 나와 같은 사람을 죽인다면 나보다는 여러분 자신들이 손해라는 것입니다. (……) 왜냐하면 여러분들이 나를 죽인다면 여러분은 쉽사리 나 같은 사람을 찾지 못할 것이기 때문입니다. 나는 신이 이 나라에 보낸 일종의 등애(gadfly)입니다. 이 나라는 혈통이 좋은 커다란 말 같은데 그 크기 때문에 동작이 느려서 늘 깨어 있을 필요가 있는 나라입니다."라고 변호를 하고 있다.

여기에서 보듯이 그의 주장은 해학적이면서 설득력이 있어 보인다. 나는 신이 여러분에게 지식과 지혜를 일깨우는 데 전념하라고 보낸 인물이며 나를 죽인다면 여러분들은 후회할 것이라며 역설적으로 정당화하고 있다.

자신은 이와 같은 목적으로 이 지구상에 왔으므로 이와 같은 목적에 충실할 뿐 그 외의 일은 전혀 하지 않았을뿐더러 그 누구에게도 보수를 받거나 강요를 하지 않았다고 하면서 그는 청년을 타락시키고 국가가 인정한 신을 부정하지도 않았다는 것이다.

소크라테스의 정당한 자기 변호는 오늘날 우리 사회에 많은 시사점을 주고 있다. 이와 같은 인물들이 오늘날 요구되는 시대상황이 도래하고 있다는 것이다. 병폐된 사회, 물질만능주의, 도덕성이 실종된 사회에서 이와 같은 위대한 철학자의 탄생을 바라고 있을는지도 모른다. 즉 철학자들이 바라는 정신적인 삶을 추구하고 지식과 지혜에 관심을 가져야 한다는 그의 말은 오늘날 나태하고 게으르고 물질만을 추구하는 이들에게 각성을 요구하고 있다는 것이다.

『대화편』에서 그는 다음과 같이 자기를 변호하고 있다. 자기는 젊은이들에게 가르친 것은 아무것도 없다고 주장하는데 그는 "나에게 온 사람은 나쁜 사람이든 선량한 사람이든 그것을 나의 탓으로 돌리는 것은 부당하며 나는 그 사람에게 아무것도 가르치지 않았으며 또한 약속한 적도 없다"고 말했다. 이는 소크라테스가 남녀노소, 빈부의 격차에 상관없이 문답법을 통하여 지혜를 심어주기 위한 것밖에 없다는 것이다. 또한 문답법을 통해 지식을 만들어가는 과정이 무척 흥미롭기 때문이라며 적극적으로 자기를 변호하였다.

이러한 변론에도 불구하고 소크라테스는 재판관들에게 공정하게 법률에 따라서 재판을 하도록 하였으며 사회의 압력이나 기분에 따라 재판을 해서는 안 된다고 오히려 권고하고 있다.

이에 따라 재판의 결과는 유죄가 280표, 무죄가 220표가 선고되었다. 이로 보아 당시의 재판은 배심원제도였기 때문에 유, 무죄를 먼저 선고한 후에 형량을 정하는 것이 원칙이어서 유죄가 확정되었다.

유죄가 확정한 뒤 또다시 형량에 대한 재판이 시작되자 그는 또다시 자기를 변론하기 시작했으며 그는 형을 묻는 재판관에게 구류도 싫고 돈이 없어서 벌금도 안 되며 나이가 고령이기 때문에 해외의 추방도 싫다는 것이다. 만약 해외로 추방되면 "내가 어디를 가던 젊은이들이 나를 쫓을 것이며 내가 그들을 쫓아버린다면 그들의 부모님들이 그들의 요구를 들어주기 위해 나를 쫓아낼 것이며 그리고 내가 그들을 내게 오게 한다면 그들의 아버지와 친구들이 젊은이를 위해서 나를 쫓아낼 것"이라면서 재판관에게 플라톤을 비롯한 그의 친구들이 보증을 서서 벌금은 30미나(Mina)로 하기로 하였다. 이 금액은 소크라테스가 돈이 없어서 1미나(Mina)를 내기로 재판관에게 제의하자 그의 친구들이 설득하여 보증을 선 금액이었다.

이어서 곧바로 투표를 실시한 결과 360대 140으로 사형이 확정되었다. 이후에 소크라테스는 또다시 결과가 부당하다며 변론을 시작하는데 그는 자기에게 사형을 선고한 재판관에게 내가 죽은 후에 여러분들에게 나보다 더 무거운 형벌이 가해질 것이라 예언하고 있다.

지금은 여러분이 내가 귀찮아 회피하려고 사형에 처하지만 후에 나와 같은 사람이 더 많이 출현할 것이라 말하고 있다. 이는 가만히 있어도 고령인 나는 자연적인 죽음을 맞이하는데 이러한 변호가 나쁜 결과를 가져왔더라도 절대로 후회하지는 않았다. 왜냐하면 이 같은 일들이 어느 정도는 적중했기 때문이다. 그를 고소했던 이들이 얼마 후에 처형을 당했기 때문이다. 단지 견해를 달리했다고 해서 그 사람을 압박하거나, 투옥하거나, 죽음으로 몰아가는 행위는 결코 선하지 않다는 것이다.

그는 또한 그에게 무죄를 선고한 재판관에게도 대화할 것을 제의하고 있다. 여기에서 죽음과 저승에 대해서도 이야기를 나누는데 죽음이라는 것은 두 가지가 존재하며, 그 하나는 무와 무의식을, 다른 하나는 영혼이 옮겨가는 일종의 행위로 보고 있다는 것이라 하면서 "나는 저승에 가서도 이승에서 한 것처럼 참된 지식과 그릇된 지식에 대한 탐구를 계속할 것입니다."라고 주장하였다.

소크라테스는 이승과는 달리 저승에서는 학문의 자유와 언론의 자유가 있을 것이라 믿었으며 그곳에는 단순히 학문을 종용했다고 해서 투옥시키거나 사형을 시키는 일이 절대로 없기 때문에 죽음을 기꺼이 받아들일 준비가 되어 있다고 주장한다.

그는 죽음을 회피하는 자는 지혜를 사랑하는 자, 즉 진정한 철학자가 아닌 고통과 죄악의 덩어리인 육체를 사랑하는 자라고 정의한다. 이러한 주장에 대해 "그렇다면 자살이라도 해서 죽음을 택해야 하지 않겠습니까?"라고 묻자 소크라테스는 자살은 죄악이라고 말한다. 왜냐하면 인간은 함부로 자살할 권리가 없다는 것이다. 만약에 자기가 키우는 강아지가 살기 싫다고 물에 빠져 자살을 선택하였다고 생각해 보자. 당신의 기분은 어떠할까? 이는 자살은 신에 대한 반역이고 범죄행위라 볼 수 있다는 것이며 때를 기다렸다가 신으로부터 명령이 떨어지면 자연적으로 떠나야 한다는 것이다.

그의 『변명』의 마지막에는 자기 자식들을 부탁하는 장면이 기술되어 있다. 그는 법정에서 재판관들에게 만약 자기의 아이들이 장성해서 나와 같은 길을 걷지 않고 부와 명예를 향해 나아간다면 제가 여러분을 괴롭힌 것처럼 나의 아들에게도 그렇게 해달라고 부탁하고 있다. 이렇게 해주는 것이 정당한 대우를 받는 것이라면서 죽음의 길로 기꺼이 가겠다고 하면서 그 길은 사람마다 다르지만 어느 길이 좋은지는 아무도 모르며 오직 신만이 알고 있다고 주장한다.

이는 오늘날의 젊은이들에게도 부탁의 말이 될는지도 모른다. 현세에 머물러 아무런 생각 없이 방황하는 젊은이들이 부와 명예를 추구하며 지식과 지혜를 탐구하는 데 게을리한다면, 또한 두 가지 선택의 길에서 과연 어떠한 선택이 현명한지를 깨우쳐주는 대목일 것이다. 누군가는 덕의 길로 안내할 수 있는 위대한 철학자의 탄생을 기다릴지도 모른다.

### 악법도 법이다. [크리토, Crito]

이『대화편』은 친구인 Crito와 처형 전의 모습을 담은 내용이다. 여기에서 그는 소크라테스의 감방으로 찾아와서 탈출을 권유한다. 아테네 법률에 따르면 사형을 받은 죄수는 24시간 내에 집행하도록 되어 있으나 축제가 있어서 그의 집행은 연기되었다.

크리토는 소크라테스에게 간수에게 돈을 들여서 매수해 놓을 테니 도망가는 게 어떠냐?고 제안을 하였는데 "자네가 죽는다면 나는 결코 대체할 수 없는 친구를 잃을 뿐만 아니라 더 큰 문제가 있네. 자네와 나와의 관계를 아는 사람은 내가 기꺼이 돈을 지불하면 자네를 구할 수 있었을 터인데 배려하지 않아서 그렇게 되었다고 믿을 것이네. 이것보다도 불명예스러운 일이 어디에 또 있겠는가?"라면서 도망가서 외국에 거주할 것을 제안하였으나 소크라테스는 친구의 간곡한 부탁을 거절하였다. 오히려 소크라테스는 크리토에게 대중의 의견을 두려워할 필요가 없으며 최선의 원칙인 이성의 명령에 따라 행동해야 한다며 오히려 친구에게 반문하고 있다.

다시 말하면 선수가 대중의 의견을 따를 것인가? 혹은 그 분야의 전문가를 따를 것인가?를 오히려 반문하고 있으며 선과 악, 정의의 문제, 미와 추 등은 대중의 의견에 따르는 것이 아니라 그러한 문제에 전문적인 의견을 따라야 한다고 하면서 오히려 그렇지 않을 경우에는 영혼을 망친다는 것이다. 이는 인간의 보편적인 가치는 다수결의 원칙을 따르는 것이 아니라 그 분야에 해박한 지식을 가진 자, 비록 소수일지라도 전문가의 의견에 따라야 한다는 것이다. 이는 대중들이 의식하는 것에서 해방하려는 그의 모습이 비춰지고 있으며 결코 그의 길로 동조하지는 않았다. 당시에 대중들이 의식하는 것은 돈, 명예, 위신 등이었다.

그는 또 크리토에게 법률과 준법에 관하여서도 토론을 하였는데 그는 국법이 개인에 의해 파괴되어도 되느냐?라는 문제였다. 우리는 국법이 우리들을 무시하고 불합리한 선고를 하였다고 해서 그것을 우리가 파괴할 권리가 있느냐?의 문제였다.

소크라테스는 국법을 어기는 것은 국법을 인격화시켜 어겨서는 안 되는 이유를 "우리들이 너희들이 태어나게 하지 않았느냐?", "우리들의 도움으로 너희 부모가 결혼을 하여 너희를 낳지 않았느냐?"라고 말하면서 국가는 교육이나 양육에 관하여 개인에게 은혜를 베풀고 있다는 것이다. 소크라테스는 그러한 국가에게 어떻게 부정을 행할 수가 있느냐고 오히려 반문하면서 국가나 국법이 싫으면 다른 나라로 이민을 가라고 이야기하고 있다.

이민을 가지 않고 국법을 어기면 첫째는 부모에게 불순종이 되고 둘째는 국법이 교육의 담당자이며 셋째는 국법의 명령에 합의를 보았기 때문에 반드시 지켜져야 한다는 것이다.

소크라테스는 국법이라고 할 때는 아테네의 민주헌법을 말하고 의미하며 모든 법을 준수하는 것이 아니라는 것이다. 대화편에 아무리 살펴보아도 악법도 법이라는 구절은 찾아볼 수 없다는 것이며 오늘날 독재자들이 소크라테스를 악용한 점도 있다고 볼 수 있다. 다시 말하면 그는 아무 법이나 지키자고 주장한 것이 아니라 국법을 운영하는 자들과 충돌하였다는 것이다.

그는 계속해서 도망가지 않은 이유를 국법의 힘을 빌려 설명하고 있는데 첫째는 자기는 한번도 외국에 가본 적이 없다는 것이다. 이는 자기는 누구보다도 이 아테네를 사랑하는 증거이며 외국에 나가본 적은 아테네를 위한 조국 전쟁에 3번 참여한 것밖에는 없다는 것이다. 둘째는 자기가 도망을 가게 된다면 친구들도 위험에 처하게 된다는 것이며 외국에서 그를 보는 따가운 눈치가 싫다는 것이다. 어찌 조국의 국법을 어긴 자가 타국의 젊은이들에게 교육이니 자유니, 정의 등을 이야기할 수 있겠느냐고 오히려 반문하고 있다.

그는 조금 더 살려다 아테네에서 쌓아왔던 철학자로서의 명성을 하루아침에 잃어버리게 될지도 모른다는 것이다. 비록 법에 의해 죽음을 맞이하였지만 이제까지 아테네 법률을 잘 지키며 살아왔는

데 나에게 불리하다고 해서 법을 어기는 것은 비겁한 일이라 다시 말하면서 그는 크리토에게 "신의 뜻을 성취하고 그가 인도하는 대로 따라가도록 나를 내버려두라"고 끝을 맺고 있다.

만약 소크라테스가 친구의 뜻에 따라 다른 길을 택하였다면 그의 삶은 어떠하였을까? 과연 도망을 갔더라면 위대한 철학자로서 우리 마음에 간직되는 인물이 되었을까?

### 영혼의 불멸과 철학자의 참모습을 기록한 [파이돈, Phaidon]

『파이돈(Phaidon)』은 플라톤이 성숙기에 쓴 작품으로 영혼의 불멸을 다루는 내용이며 죽음에 대한 참다운 철학자의 모습이 그려져 있다. 결론적으로 말하면 "영혼은 불사불멸이며 우리의 영혼이 하데스에 존재하게 되리라는 것은 의심할 여지가 없는 것은 아닌가?"라는 것이며 여기에서는 그의 친구 Phaidon과 함께 감방에서 대화하는 모습을 그려 놓았다.

사형이 집행되는 날 감방 안에서는 크산티페와 그의 아들들이 울면서 대화를 시작하고 있다. 사형이 집행되는 날까지 그의 처가 온 것을 보면 생각만큼 악처는 아니다. 소크라테스는 크리토에게 집사람을 보내라고 말한 뒤에 본격적으로 철학적인 대화를 시작하고 있다.

그는 죽음에 대하여 이야기를 하는데 철학적인 정신을 가진 사람은 죽기를 원하지만 자살은 안 된다는 것이다. 왜냐하면 그 이유는 앞에서 서술하였을 것이다.

이에 대해 우리는 의문을 가진다. 신이 우리들을 수호하고 있는 것과 철학자들이 죽음을 기꺼이 맞이하는 것은 어딘가 모순이 존재하는 것이다. 소크라테스의 답은 "저세상과 신의 훌륭함을 믿기 때문에 슬퍼하지도 않고 오히려 희망적이라는 것이다. 죽음이라는 것은 영혼과 육체의 단순한 분리라는 것이다." 앞에서도 서술하였듯이 육체는 정신에 해가 되며 철학자들은 이러한 육체는 학문을 위해 오히려 해가 된다는 것이다.

다시 말하면 육체는 세속적이어서 현세적 탐욕을 원하기 때문에 진정한 학문 탐구를 위해서는 과감히 버리라는 의미인 것이다. 육체는 우리들에게 뛰어들어 오히려 혼란을 가중하게 되어 여가와 사색을 즐기는 데 방해가 된다는 것이다. 따라서 영혼을 통하여 진, 선, 미, 정의, 덕 등을 보아야 하며 우리들의 연인으로 만들어야 한다는 것이다.

그러면서 자살을 하지 말아야 하며 대중들에게 철학자들의 삶이 얼마나 힘든 것이며 어렵다는 것을 여러분들은 알 것이다. 우리가 육체를 버리라는 것은 죽음으로 내몰아야 한다는 것은 아니다. 이는 육체적 관심에서 빨리 벗어나 맑은 영혼으로 옮겨갈 것을 권고하고 있다.

따라서 소크라테스는 이와 같은 길을 가기 위해 기쁘게 선택할 것이며 철학자들은 누구나 그러한 선택을 한다는 것이다. 이에 대하여 소크라테스는 "참된 철학자는 언제나 죽는 연습에 몰두하고 있으며 모든 사람들 가운데 가장 죽음을 무서워하지 않는 사람"이라고 말하면서 육체가 가진 욕망에서 빨리 벗어나도록 노력해야 한다는 것이다.

이는 참된 철학자는 죽음이라는 것은 단순히 육체와 정신이 분리되기 때문에 오히려 저승을 두려워하거나 해서도 안 되며 기꺼이 기쁘게 맞이할 것을 권고하고 있다. 또한『파이돈』에서 대립의 원칙, 상기설 등을 통하여 다음과 같이 논증하고 있는데 그는 미와 추, 선과 악, 정의와 부정의 등은 반대의 것에서부터 생성되었으며 생과 사도 마찬가지라는 것이다. 이는 반대의 개념을 사용하며 영혼은 불멸한다는 것을 입증하고 있다.

특이할 만할 점은 지식도 마찬가지라는 것이다. 여기에서는 상기설을 도입하여 설명하는데 이의 내용은 플라톤에서 하기로 한다.

따라서 영혼은 신적인 것에 가까우므로 신의 세계에 가야 하며 육체와 가까이 있기를 거부했던 영혼은 죽음을 통하여 육체로부터 해방할 수 있다는 긍정으로 보아야 한다는 것이다.

소크라테스는 더러운 영혼에 대하여 설명하고 있는데 육체를 떠날 때 깨끗하지 못한 영혼, 언제나 육체를 사랑했고 육체의 노예를 했던 영혼, 쾌락에 사로잡힌 영혼, 지적인 진리를 두려워했던 영혼을 들고 있으며 이러한 영혼들은 언제나 육체를 사랑하며 결국에는 짐승의 육체에 갇혀버린다는 것이다.

예를 들면 폭식하고 변덕스럽고 술에 만취한 영혼은 당나귀나 그와 유사한 동물로 들어가며 부정, 독재, 폭력을 동료에게 행사한 영혼은 늑대, 매, 솔개 등으로 변하고 이에 반해 절제와 사회적 덕을 실천한 사람들은 가장 행복한 곳으로 간다는 것이다.

따라서 신의 세계에 기쁘게 도달하려면 맑은 영혼을 가지려고 노력을 해야 하며 육체에서 벗어나 악으로부터 빠르게 나올 것을 강요하면서 철학적인 삶을 살도록 권고하고 있다. 이는 우리들에게 많은 시사점을 주고 있다.

이와 같은 대화를 나눈 후에 여자들이 자신의 시신을 씻지 않기 위해 목욕을 하러 갔으며 그런 그에게 소크라테스에게 부탁이 없느냐는 물음에 특별한 부탁이 없으며 원칙대로 살아가기를 바라며 그렇게 하는 것이 나와 나의 가족 그리고 우리들에게 봉사하는 길이라면서 대화를 종결하고 있다.

이후 친구들이 장례문제에 대해 논의하자 그것은 중요한 것이 아니며 단지 육체만을 파묻는 행위이며 영혼은 더 좋은 세상을 향할 것이라 한다.

목욕을 끝내고 난 뒤 집행위원의 하인이 들어와서 독약을 마실 시간이라고 알려주었고 그는 친구에게 독약을 가지고 오라고 독촉을 하며 신에게 여행이 즐겁도록 해달라고 기도를 한 뒤 즐거운 마음으로 독약을 마셨다고 한다.

독약을 마시는 동안 친구들이 눈물을 흘리자 나무라며 방안을 거닐다가 다리가 무거워 침대에 눕자 그의 몸이 마비되어가는 과정이 자세히 묘사되어 있다. 간수가 얼굴 위에 덮어둔 천을 벗기자 소크라테스는 크리토에게 "Asclepius에게 닭 한 마리를 빚진 게 있으니 그 빚을 갚는 것을 잊지 말라"는 최후의 말을 남기면서 죽음을 맞이했다는 것이다.

여기에서 빚을 진 닭이라는 것은 의술의 신에게 질병이 완쾌되었다는 의례로써 바치는 관례였지만 소크라테스에게는 영혼이 육체로부터 해방되고 모든 질병으로부터 해방되었다는 관례로 해석되어도 무방할 것이다.

독일의 철학자 Jaspers가 "소크라테스에게 죽음은 결코 비극은 아니었다. 그는 비극을 초월했다."라고 했듯이 이 땅에서 진정한 철학자의 삶을 살다간 위대한 인물로 평가될 것이다.

## 5. 소크라테스의 제자들

소크라테스의 사상을 가장 훌륭하게 계승 발전한 인물은 역시 플라톤이라 할 수 있겠다. 왜냐하면 그는 소크라테스로부터 수학하여 죽을 때까지 함께 있었으니 말이다. 그러나 그는 스승의 사상을 일방적으로 따른 것이 아니라 오히려 승화시킨 인물로 평가된다. 왜냐하면 그의 작품들을 통하여 소크라테스의 삶들을 조명할 수 있게 만들었기 때문이다.

그러나 그의 사상 중에서 어느 한 분야를 발전시킨 제자들이 존재하는데 가장 유명한 사람을 들면, 안티스테네스, 아리스티포스, 에우클리데스, 파이돈, 플라톤, 아이스키네스, 크세노폰 등이다. 안티스테네스는 견유학파라고 알려진 키니코스학파를 세웠고, 아리스티포스는 키레네학파를, 에우클리데스는 메가라학파를, 파이돈은 엘리스학파를 세웠다. 이들은 보통 '소(小)소크라테스'학파라 칭하기도 한다. 이 학파의 가장 유명한 대표자들을 들자면, 안티스테네스와 디오게네스, 크라테스, 메트로클레스, 히라르키아 등이 있다. 이 학파는 안티스테네스에 의해 창시되었으며 소크라테스의 사상 중에서 덕을 계승한 학파이다. 이들은 인간은 덕을 쌓는 것이 곧 행복이라 하면서 모든 욕심을 버리라고 충고하는 학파이다.

다시 말하면 인간의 덕은 무욕에서 나올 수 있으며 인간의 욕심은 오히려 인간의 삶을 망칠 수 있다는 것이다. 따라서 이들은 최소한의 생활에만 관심을 두어야 한다면서 자유로운 생활을 강조하였다고 해서 이들 학파를 견유학파라고도 칭한다. 이러한 생활에 가장 충실하였던 사람이 바로 앞에서 소개한 디오게네스이다. 견유에서 보듯이 개처럼 남의 눈치를 보지 않으며 자유롭게 살아간다는 데서 유래되었다고 할 수 있다. 아무런 욕심 없이 현재의 생활에 만족하며 남의 눈치를 보지 않으며 자유로운 삶을 꿈꾸는 영혼을 소유한 학파라 볼 수 있다. 디오게네스가 소년이 물을 자기 손에 담아 먹는 모습을 보고 모든 걸 벗어놓았 듯이 개라는 동물은 아무것도 소유하지 않으며, 있으면 먹고 없으면 잠자는 모습을 보라! 얼마나 평온하고 자유스러운 모습인가? 이러한 자유로운 영혼을 소유하여야만 바람직한 덕을 쌓고 행복에 이른다는 것을 우리는 알 수 있다. 그에 대한 일화가 전해지는 것을 소개하면 어느 날 알렉산드로스 대왕이 디오게네스의 집을 방문하여 그에게 "지금 가장 바라는 것이 무엇이냐?"라고 묻자 답하기를 "무엇보다도 햇볕을 가리지 말아주십시오."라고 한 답변에서 나타나듯이 필요한 것 이상의 욕심을 내지 않았던 일화가 유명하다.

견유학파 사람들은 자유란 영혼의 지고선이며, 자급자족을 통해서만 얻어지는 것으로 보았다. 그러므로 진짜 견유학파 사람이라면 자신의 육체적, 감정적 욕구에 노예가 되지 않아야 했다. 정신적 가치야말로 이 세상에서 중요하고 유일한 가치라고 생각한 견유학파는 전통적 가치에 부정적일 수밖에 없었다. 소크라테스의 가르침을 극한까지 몰고 간 일종의 극단주의자라고 할 수 있겠는데, 그들에게 현실은 최소한의 수준으로 축소되고, 현상은 참을 수 없는 대상으로 치부되고 만다. 견유학파는 일종의 생활양식에 더 가까운 듯이 보인다. 물질적 욕구로부터 자유로울 수 있었기에, 견유학파의 철학자들은 정치, 물리학 등 윤리학을 제외한 모든 철학적 사변에 몰두할 수 있었다.

## 쾌락을 즐겨라. 키레네학파

키레네학파는 키레네에서 태어난 아리스티포스(BC 435~BC 355)가 창시자로 알려져 있으며 키니코스학파와 극을 이루는 사상을 가지고 있다. 키스코스학파가 무욕, 무치를 생활화하여 덕을 추구하는 반면에, 즉 '자유'를 쾌락의 노예가 되는 것을 피하기 위해 최소한의 생활에 만족하는 상태로 본 반면, 키레네학파는 "쾌락이야말로 우리가 추구해야 할 최고의 선"이라고 주장하면서 쾌락을 이상으로 삼았다.

키레네학파에서는 어떠한 것에도 치우치지 않은 채 인생의 쾌락을 있는 그대로 받아들이는 자세로 보았다. 여기에서의 쾌락이라는 것은 정신적, 육체적, 물질적 쾌락 모두를 포함하며 이것을 충족하여야만 인생의 목적인 개개인의 행복에 도달할 수 있다는 것이다. 이와 같은 주장은 쉽게 납득할 수 있느냐가 문제이다. 정신적 쾌락이야 도달할 수 있지만 육체적 쾌락과 물질적인 쾌락이 너무나 충족되면 오히려 역효과가 날 수도 있다는 것을 간과하는 것 같다. 오히려 고통과 후유증이 심할 것이라는 것이다. 육체적, 물질적 쾌락은 즐기면 즐길수록 묘한 매력을 가지고 있기 때문이다. 따라서 더 큰 유혹에 빠질 수 있으므로 오히려 사람을 망치고 목숨까지 잃는 경우가 허다하다는 것이다.

예를 들어 쾌락을 즐기기 위해 마약을 투여했다고 상상을 해보자. 처음에는 중독인지도 모르고 계속해서 투여하다 보면 중독되어 인생을 파멸로 치닫게 하거나 심지어는 목숨까지도 위협하게 되기 때문이다. 소크라테스의 제자들 가운데 최초의 이데올로기적인 균열은 아리스티포스에 의해 비롯된다. 인지 가능한 세계에 대한 앎에 확고히 뿌리를 내린 아리스티포스의 쾌락주의, 개인주의가 갈등을 일으킨 것이다.

'개인의 자유란 무엇인가?'라는 문제에 아리스티포스는 평정심을 갖는 것이라 말했다. 평정심만 잃지 않으면, 부와 권력과 성욕의 유혹이 아무리 강해도 거기에 완전히 빠질 위험은 없다는 것이다.

아리스티포스의 중심사상은 '덧없는 이 순간'을 어떻게 하면 충실히 사느냐는 데 모아진다. "쾌락이 부드러운 미풍과 같고 고통이 휘몰아치는 강풍과 같은 것이라면 매일매일의 삶은 고요한 바다에 비유할 수 있다." 아리스티포스가 이 비유를 통해 말하는 것은, 일상의 항해에서 쾌락의 미풍을 받아 고통을 헤쳐 나가는 지혜를 발휘해야 한다는 것이다.

## 지식을 쌓아라. 메가라학파

이 학파의 창시자는 시비꾼이라는 별명이 붙은 에우클리데스(BC 450~BC 380)라고 알려져 있다. 메가라학파라고 칭한 것은 창시자가 메가라에서 태어났기 때문이다. 이 학파는 덕, 쾌락을 중시한 학파와는 달리 지식을 중시하게 되었다. 즉 덕은 지식에서 나온다는 것이다. 그는 소크라테스의 제자들 중 가장 나이가 많았으며, 젊은 시절부터 철학을 공부했는데, 처음에는 주로 파르메니데스의 저작을 연구하다가 후에 소크라테스를 만난 뒤부터는, 소크라테스와 파르메니데스의 학설을 조화시키는 일에 일생 동안 매달렸다. 에우클리데스를 추종했던 사람들을 가리켜 메가라학파, 또는 문답법에 의해 토론을 이끌어가는 그들의 토론방식에서 빌려와 변증론자들이라고 불렀다.

에우클리데스는 모든 사물은 '존재'라고 불리는 내재적 성질을 지니며, 동시에 '비존재'라는 외부적 현상의 종합이라는 사실을 파르메니데스로부터 배웠다. 인간이 어떤 목표를 지향할 때는 반드시 그 욕망의 대상이 단순한 '현상'이 아닌 진정한 '실재'임을 분명히 해야 한다. 소크라테스는 인생에서 가장 중요한 일은 지식을 성취하고 덕을 이루는 것이라고 하였다. 에우클리데스는 스승의 이론과 파르메니데스의 이론을 조화시켜, 신을 '존재', 또는 영원하고 나뉠 수 없는 '일자'와 동일시하고, 그 외 나머지는 '존재하지 않기' 때문에 전혀 중요치 않다고 결론을 내렸다.

이들 학파는 결국 '덕은 지(知)'라고 주장한 소크라테스로부터 시작한 지식을 선으로 보고 있는 주지주의(主知主義)를 강조했다고 볼 수 있다.

제4장

# 플라톤

Platon,
BC 427/8~BC 347

1. 생애
2. 사랑을 이야기하다.
   [향연, Symposium]
3. 눈에 비치는 건 착각이다.
   [이데아, IDEA]
4. 이상적인 국가를 꿈꾸다.
   [국가론, The Republic]
5. 국가를 누가 통치해야 하는가?를
   주장하다. [철인정치]

고대, 중세로
떠나는
# 서양철학사

# 제4장

아폴론의 아들이라 불리는

# 플라톤

(Platon, BC 427/8~BC 347)

## 1. 생애

철학사에 있어서 플라톤의 위치는 대단하다고 할 수 있다. 소크라테스 이후 그리스의 대표적인 철학자이며 사상가인 플라톤(Platon)은 소크라테스의 제자이자 아리스토텔레스(Aristoteles)의 스승으로 알려져 있다. 그는 기원전 427/8년경 아테네의 명문 집안에서 태어나 일찍부터 귀족의 자녀에 어울리는 교육을 받았다. 유명 문학가들로부터 가르침을 받고 레슬링 선수 아리스톤에게 몸 단련하는 법을 배우며 그림공부와 함께 서정적인 시와 비극을 썼다고도 한다. 고대 사료들은 그의 아버지 아리스톤을 아테네의 전설적인 왕 코드로스의 자손으로, 어머니 페리크티오네(Perictione, 혹은 Potone)를 그리스 7현인 가운데 하나인 솔론의 후손으로 기록하고 있다.

플라톤의 어린 시절에 대한 기록은 알려져 있지 않다. 원래 그는 정치가가 되려는 꿈을 갖고 있었다. 그러나 스무 살 때 비극 경연대회에 나갔다가 극장 앞에서 소크라테스의 강연을 듣고 크게 감동하여 "이제 저에게는 당신이 필요합니다."라는 고백과 함께 가지고 있던 비극 대본을 불태워버리고 즉각 소크라테스의 문하로 들어가 그의 제자가 되어 문학보다는 철학에 매진하게 되었으며 그의 철학사상이 형성되었다고 볼 수 있다.

이때부터 일생 동안 철학에만 전념하기로 결심했고 21세부터 28세까지 소크라테스를 스승으로 8~9년간 교류를 했지만 구체적인 것은 알 수가 없다. 단지 플라톤의 저서들을 중심으로 추측할 뿐이다.

기원전 399년 소크라테스가 멍청하고 우둔한 살인행위를 통해 죽임을 당하자 젊은 철학자에게는 많은 충격과 실망을 주었을 것이다. 이를 통하여 기존 질서에 대한 비판과 당시의 유산자와 무산계급의 갈등을 통하여 이상주의와 공산주의적 사상을 꿈꾸었는지도 모른다.

그는 항상 "나는 야만인으로 태어나지 않고 그리스인으로 태어난 것, 노예로 태어나지 않고 자유인으로 태어난 것, 여자로 태어나지 않고 남자로 태어난 것, 그리고 특히 소크라테스 시대에 태어나 그를 만날 수 있었던 것을 신에게 감사한다."라고 말할 정도로 스승을 존경했다.

플라톤과 그의 스승 소크라테스의 철학사상은 당시 그리스 정치상황과도 밀접한 관련을 갖고 있었다. 펠로포네소스 전쟁이 벌어지는 동안 아테네 내부에서는 민주주의 세력과 귀족주의 정파 간의 갈등이 지속되고 있었다. 민주주의 정권은 소크라테스를 귀족주의의 본보기로 처형하였다. 민주주의에 대한 플라톤의 비판적인 시각은 스승 소크라테스에 대해 아테네가 부당한 판결을 내리고 그를 죽음으로 내몬 일에 충격을 받아 이때부터 민주주의 제도 자체를 경멸하기도 했다. 플라톤은 철인의 국가통치 이론을 내세웠으며 시민 가운데 통치자 계급을 따로 두어 정치를 맡겨야 한다고 주장했다.

그러나 소크라테스를 구하려 했던 일이 민주주의 지도자들의 의심을 사게 되자, 이에 위협을 느낀 그는 다른 제자들처럼 아테네를 떠났다. 그는 메가라로 도망하여 숨어 있었으며 그 후에 이탈리아와 이집트를 여행하며 종파를 가리지 않고 다채로운 사상을 접했다. 이탈리아를 여행하며 키레네학파로부터 이데아와 변증법의 기초를 얻었고, 피타고라스학파를 접하며 실천적 정신과 실생활의 흥미를 얻었다. 이 시기의 독특한 경험은 그의 사상과 저작에 고스란히 스며들었다.

이후 기원전 366년과 361년경 플라톤은 자신의 철학을 직접 실행하기 위해 디오니시오스 1세의 초청에 응하여 시칠리아 시라쿠사로 갔으나, 이 전제군주는 너무나 약하고 무절제 했을 뿐만 아니라 플라톤의 건의를 받아들이기는커녕 오히려 그를 의심했다. 디오니시오스의 과두정치를 비난함으로써 분노를 얻은 플라톤은 결국 음모에 걸려들어 시장에 노예로 팔리고 말았는데, 이때 퀴레네의 안니케리스라고 하는 플라톤의 저작을 본 돈 많은 상인이 그의 몸값을 갚아주어 겨우 반역자 혐의를 벗고 석방될 수 있었다.

마흔 살이 넘어 고향 아테네로 돌아온 플라톤은 상인의 돈을 갚으려 했으나 받지 않자 헤로스 아카데모스 신전 근처의 한 정원을 사들여 교육기관을 세웠고, 학비를 받지 않은 채 학생들을 가르쳤다. 이렇게 해서 신전 이름은 딴 Academy라는 유럽 최초의 대학이 한 철학자를 판 몸값으로 세워지게 되었다. 그의 사후, 플라톤 아카데미라고 불린 이 학교는 6세기까지 지속되었으며 플라톤은 80세에 생을 마감할 때까지 대부분의 시간을 자신이 세운 학교에서 제자를 양성하고 학문을 연구하는 데 보냈다.

이곳에서 그가 가르친 과목은 철학, 수학, 동식물학, 천문학 등이었는데, 특히 입구에는 "기하학자가 아닌 자는 들어올 수 없다."라는 글귀가 쓰여 있었다고 한다. 그의 강의는 너무나 유명하여 귀부인들은 심지어 남자 옷을 입고 들어와 강의를 들을 정도였으며, 또 어떤 농부는 밭을 갈다 말고 와서 강의를 들었다고도 한다. 아리스토텔레스 역시 이곳에서 20여 년 동안이나 배웠다.

기원전 357년 디오니시오스 2세의 간청을 받아 망설이던 끝에 다시 시켈리아로 가서 이상정치를 펴보려 하였으나, 참주 디오니시오스 2세는 플라톤의 교육을 따라가지 못했으며 보수세력들의 반발로 시라쿠사의 그리스인을 통합하는 일에도 어려움을 겪었다. 이상정치를 펴보려 하였으나 결국 실패하고 1년 만에 귀국하여 81세에 세상을 떠났다.

## 2. 사랑을 이야기하다. [향연, Symposium]

『플라톤의 대화편』에 사랑을 소재로 한 작품은 두 가지, 즉「Phaedrus」와『Symposium』이 있는데 우리에게 알려진 것은 향연이 더 유명하다. 원래 Symposium은 희랍어로 Symposion이며 '함께 마신다.'라는 의미로 술과 춤이 곁들여진 대화와 토론을 의미하기도 하는 주연(酒宴)을 말한다. 주연은 경기에 우승하였을 때 초대형식으로 개최되는 것이 일반적이다. 당시 연극축제의 우승 축하연에서 일어난 담화 내용을 기록한 것이다.

소크라테스는 우선 연극축제에 우승한 Agathon의 지혜를 찬양하면서 식사 후에 나오는 술을 조금만 마시기로 합의하고 담론을 시작하였는데 제목은 사랑의 신, EROS로 하자고 정하였다.

가장 먼저 Phaedrus가 시작했다. 그의 내용을 보면 사랑의 신은 "가장 위대하며 우리들을 고귀하게 살도록 이끌어주는 원리이며 사랑하는 사람에게 자기의 추하고 비겁하고 부정한 것을 보이고 싶지 않기 때문에 가장 소망스럽고 남을 위해 죽을 수 있다는 것"이며 "인간이 살아 있을 때는 덕을 주고 사후에는 행복을 주는 것"이라고 이야기하였다.

두 번째로 이야기의 주인공인 Pausanias는 Phaedrus가 사랑을 너무나 예찬만 한다고 비판하면서 EROS도 천상의 에로스와 세속의 에로스로 분리해야 한다면서 모든 행위는 그 자체로는 아름다움도 추함도 아닌 어떻게 실행하느냐에 달려 있다고 볼 수 있으며 모든 사랑이 훌륭한 것이 아니며 고귀한 목적을 지닐 때만이 그러한 자격을 갖게 된다는 것이다.

이는 세속적인 에로스는 남성과 여성의 결합에 의해서 낳게 되었기 때문에 목적 달성만을 지향하고 있다는 것이다. 이에 반해 천상의 에로스는 남성만이 낳은 신이기에 에로스는 남성만을 향하고, 지력이 우수한 사람을 사랑하고 어린 소년을 사랑하지는 않지만 장년을 사랑한다는 것이다.

이로 볼 때 여성에 대한 혐오성을 발견할 수 있다. 여성은 목적만을 지향하는 자로 천하게 보는 반면에 남성은 지력을 가졌다는 것을 대비하여 여성을 경시하는 경향이 있다.

그는 이 세상에서 절제할 줄 모르던 남자, 비겁한 남자들이 그에 대한 벌로 죽은 다음 태어나는 것이 여자이기 때문에 "여자란 남자보다 덕이 훨씬 모자라고 교활하고, 약하며, 천박하고, 화를 잘 내며, 남을 비방하기를 좋아하는 데다 소심하며 미신을 잘 믿기 때문에 여자로 태어난 것은 저주임에 틀림없다"며 악평을 하고 있다.

또한 남자만을 낳은 것은 사랑이기 때문에 당시 희랍인들 사이에서 동성애가 성행하였고 그런 상황 때문에 동성애로 오인해서는 안 되며 연장자가 연소자의 관계를 말하며 지력에 의한 관계를 뜻한다는 것이다. 이에 대한 오해를 해서는 안 된다는 것이다.

Pausanias는 세속적인 이데아는 육체가 시들면 이들의 관계는 오랫동안 유지할 수가 없고 천상적인 에로스는 싫증을 느끼는 것이 없이 일생 동안 지속된다는 것이다.

또한 그는 교사에 대한 사랑에도 언급을 하고 있는데 교사격인 연장자를 애자(愛者, lover)라고 부르는데 그들의 관계는 에로스로 이루어진 관계가 아니기 때문에 돈이나 권력에 의해 맺어진 관계가 아니라 소년이 애자에게 봉사하는 것은 서로서로 자발적이고 덕이 있는 봉사관계라는 것이다. 그러므로 참된 애자와 소년이 천상적인 에로스로 맺어질 때 지혜와 덕을 전달할 수 있고 교육과 지혜를 위하여 그것들을 얻을 수 있어야 한다는 것이다.

오늘날 교사와 학생들에 있어서 과연 어떤 에로스의 관계가 적절한가를 생각하게 하는 대목이다. 현대사회의 학교현장에서 일어나는 교사와 학생 간에 발생하는 모든 문제들이 과연 천상적인 관계에서 잘 맺어지기를 바라고 있으나 어쩌면 세속적인 사랑, 돈, 권력, 재산만을 추구하는 관계로 맺어진 것이 아닐까? 하는 마음이 드는 것은 왜일까? 플라톤의 애자와 소년의 관계를 다시 한 번 생각하게 하는 대목이다.

따라서 지혜 있는 연장자와 소년의 사랑관계가 지속되면 될수록 개인의 성장에 도움을 줄 것이며 기쁨을 더할 것이다. 왜냐하면 이들의 관계는 물질을 바라고 강요하는 관계가 아니라 지적 호기심을 충족하려는 욕망의 관계이기 때문에 가장 이상적이라 할 수 있다. 이것이 두 사람의 천상적 애로스가 형성되어 있다고 볼 수 있다.

여기에서 또 다른 EROS가 등장하는데 희극작가인 Aristophanes

가 말한 것으로 인간은 원래 두 가지 성(性)이 존재하는 것이 아니라 3가지 성(性)이 있다는 것이며 그것은 남성, 여성, 양성이 그것이다. 이 양성은 원래 몸이 둥글고 팔이 넷, 다리도 넷, 머리는 하나였으며 달에서 태어났고 힘이 매우 장사여서 신에게 자주 덤벼들었다는 것이다. 이러한 못된 양성을 Zeus를 비롯한 신들의 회의에서 몸을 반으로 만들었다는 것이다.

따라서 인간은 서로를 그리워하게 되고 서로 교제하고 껴안는 행동을 한다는 것이다. 이러한 행위는 서로를 그리워 하나가 되려는 욕망으로 이것이 곧 사랑이라는 것이다. 이 또한 애자와 청년 간의 결합을 기대하는 것이다. 에로스 신과 잘 사귀면 청년으로 잘 성장할 수 있을 것이며 완전을 달성할 수 있다는 것이다. 다시 말하면 이성 간의 교제를 통하는 것이 아니라 동성 간의 사랑 즉 애자와 소년 간의 사랑을 통하여 사랑을 완성하는 것을 의미한다. 천상적인 사랑을 의미한다는 것이다.

Agathon은 사랑의 본질에서부터 출발하는데 EROS는 젊고 언제나 젊어서 노년을 싫어하며 청년과 사귀기를 원하며 부드러운 존재라는 것이다. 따라서 영혼을 좋아하며 부드러운 영혼을 더욱 더욱 좋아해서 거기에만 존재한다는 것이다.

또한 그는 EROS의 덕에 대하여 말하는데 에로스는 신과 인간에게 나쁜 짓을 하지 않으며 당하지도 않는다는 것이다. 절제, 정의, 용기, 지혜, 모두를 소유하고 있으며 시인이자 다른 것을 아름답게 해주는 원동력이라고 설명한다.

마지막으로 Socrates는 위에서 말한 사랑에 대한 이야기를 듣고 난 뒤 칭찬과 불만을 토로하였다. 모두 에로스에 대한 찬양적인 문장에 대한 칭찬을 하지만 사랑의 진리에 대하여서는 불만으로 가득 차 있다는 것이다.

즉 어떤 것에 대한 사랑이며 또한 자기에게 없는 것에 대한 사랑이라는 것이다. 다시 말하면 우리는 아름다움이 결여되었기 때문에 희구하며 선을 희구한다고 했는데 선한 것도 그 자체에 없는 것이 아닌가?

이를 반문하기 위해서 에로스의 부모는 풍요의 신 Poros와 궁핍의 신 penia가 Zeus신의 경전에 들어가 관계를 가져 아들 EROS를 낳았다는 것이다. 따라서 아버지를 닮아 미와 선을 가지려고 하며 어머니를 닮아 항상 가난하다는 것이다. 그러면서 소크라테스는 그의 성격을 "EROS는 용감하고 진취적이며, 강하고 훨씬 사냥꾼이며 언제나 술책을 쓰며 지혜를 추구하는 데 예리하며 언제나 애지자이며 마술사, 요술가, 궤변가이다"라고 규정했다.

EROS는 자체가 결핍되고 지혜를 사랑하고 갈구한다는 것이다. 이미 신은 현명하기 때문에 부족한 것이 없고 무지한 자는 자신이 부족하다는 것을 모르기 때문에 EROS는 이 둘의 중간자로서 지혜를 사랑하는 것이다. 미와 선은 사랑의 대상이지 그 자체로서는 아니라는 것이다.

이러한 사랑에 대한 갈망은 육체뿐만 아니라 영혼도 마찬가지라는 것이다. 육체적으로 갈망하는 사람은 여자에게로 갈 것이며 영혼을 갈망하는 사람은 창조적인 성향을 가진 사람에게 갈 것이라고 했다. 그것이 바로 지혜와 덕이라는 것이며 이러한 사람들은 아름다움을 찾아 헤매다가 영혼이 맑은 것을 발견할 때 육체와 영혼을 한꺼번에 환영하고 덕과 선에 관한 본질에 관해서 이야기를 하며 교육을 하려고 노력한다는 것이다. 따라서 우리는 육체적 자식을 낳아 기른 것보다 영혼의 자식을 낳아 기르는 것이 더욱 현명하다는 것이다.

이로서 EROS를 주제로 한 「향연」에 대하여 살펴보았다. 우리들은 Platonic-Love에 대해 많이 들어서 알고 있을 것이다. 이는 순수한 사랑, 즉 육체적인 사랑을 추구하는 것이 아니라 정신적인 사랑을 말하는 것으로 알고 있을 것이다. 연인에 대한 정신적인 사랑은 단순히 남녀 간의 정신적인 사랑이 아니라 지혜와 지식을 추구하는 애지자로서의 사랑으로 해석해도 무방할 것이다.

「향연」에서 보듯이 사랑에 대한 개념은 플라톤이 소크라테스와의 사랑에 대한 대화의 내용을 그대로 기록한 것으로 보아 두 사람의 Eros관에서는 비슷하다고 보아야 한다는 것이다. 단순히 남녀 간의 충동적인 사랑을 넘어서 지혜를 추구하기 위한 소년과 애자 사이의 순수한 사랑을 말하는 것으로 오늘날 EROS라는 단어가 달리 쓰이는 것이 매우 안타까울 지경이다. 이 용어를 정확하게 모르는 무지자(無知者)들의 잘못된 해석일 수도 있다는 것이다.

## 3. 눈에 비치는 건 착각이다. [이데아, IDEA]

'이데아(IDEA)'라는 용어는 '보다', '알다'라는 뜻의 그리스어 '이데인(idein)'에서 비롯된 말로, 원래는 보이는 것으로 형태나 모양을 나타내는 말이다.

다시 말하면 '세계의 모든 사물과 현상을 성립하게 하는 본질'이 '이데아'라는 것이다. 고대 그리스 철학에서는 마찬가지로 '보다'라는 뜻의 동사인 '에이도(eido)'에서 비롯되었으며 '에이도스(eidos)'와 이데아의 의미를 구분해서 사용했다. 둘 다 형태라는 의미를 지니지만, 에이도스가 구체적으로 현상되고 감각되는 사물의 형상을 가리키는 데 비해서 이데아는 육안이 아니라 마음의 눈으로 통찰되는 사물의 순수하고 완전한 형태를 가리킨다. 곧, 이데아는 인간이 감각하는 현실적 사물의 원형으로 모든 존재와 인식의 근거가 되는 항구적이며 초월적인 실재를 뜻한다.

이데아는 그의 스승인 소크라테스에게 있어서는 윤리적인 혹은 미적 가치 등에 대한 관념을 의미했으나 플라톤에게 있어서는 앞에서 말한 것처럼 보여지는 현실세계의 너머에 있는 어떤 존재의 본래적 모습이라는 의미를 갖는다.

플라톤은 이데아를 영원하고 불변하는 사물의 본질적인 원형이라 보았으며, 구체적인 현실의 사물은 단지 이데아의 모방에 지나지 않는다고 주장했다. 또한 현실에 존재하는 사물들은 끊임없이 변화하며 일시적인 속성을 지니지만, 이데아는 불변하며 영구적인 속성을 지닌다고 보았다. 진정한 철학자는 가시적인 사물의 세계, 즉 눈으로 직접 확인할 수 있는 것이 아닌 사물의 본성과 원형에 대한 인식에 관심을 가져야 한다고 주장했다.

플라톤은 '파르메니데스'에서 '이데아'들은 말하자면 사물들의 본성 속에 고정된 원형들이라는 것이지요, 개별사물들은 이데아들의 상에 따라 만들어졌으며, 그렇기 때문에 모방인 것입니다. 그리고 그것들이 이데아 안에서 갖게 되는 이러한 참여는 단지 그것들의 상 속에서 만들어진 것에 불과하답니다."라고 하였다.

예를 들면 연필로 그린 삼각형, 혹은 편의점에서 파는 삼각김밥 등은 우리 눈으로 보면 세모꼴이어서 모두가 삼각형이라 칭하고 있다. 그러나 엄밀하게 관찰하면 어딘가 흠이 있고 또한 지우거나 한입을 베어 먹으면 삼각형으로서의 사물의 형태는 사라지고 만다. 그것은 이제 삼각형이 아니라는 것이다. 여기에서 보듯이 이 세상의 사물은 절대적으로 완전한 것이 없다는 것이며 언젠가는 변한다는 것이다.

플라톤은 '우리 눈에 보이는 사물은 언젠가는 무너진다는 것이다. 그러므로 진정한 삼각형이란 애초에 영원히 변하지 않는 것이어야 한다는 것'이다. 이는 이 세상에는 완전한 삼각형이 없으며 어쩌면 우리는 삼각형이라는 그 이데아를 한번도 보지 못하였을 수도 있었을 것이다. 우리는 마음속에 그려진 완전한 삼각형과 비교하여 세모꼴은 모두 삼각형이라는 것으로 착각하고 있다는 것이다. 이때 머릿속에 있는 삼각형이야말로 삼각형의 이데아인 것이다.

감각의 세계와 이데아의 세계는 어떻게 다를까? 감각기관(오관)을 통해 들어온 정보를 생각 없이 그대로 받아들여 믿으면 안 된다고 플라톤은 주장했다. 그에게는 사물의 이데아를 탐구하는 것이 그 무엇보다 중요했다. 그래서 플라톤은 『국가론』에서 이데아를 설명하기 위해 흔히 동굴 속에 있는 그림자에 비유하기도 한다. 지하로 깊숙이 들어간 경사진 동굴 속에 어렸을 때부터 입구를 등지고 벽만 바라보도록 목과 팔, 다리를 묶인 채로 한번도 바깥세상을 구경 못 한 어떤 죄인들이 열을 지어 앉아 있다고 가정해 볼 때 동굴 입구의 불이 타고 있는 죄인들 사이에는 둔덕진 길이나 있고 이 길 양쪽으로는 높고 낮은 고르지 못한 얕은 담이 있다. 그런데 이 담 뒤에 길 위로는 사람들이 여러 형태의 기구들을 들고 지나가게 되는데 꼼짝도 할 수 없이 벽 쪽만 바라보고 있는 죄인들은 이 벽에 나타난 그림자만 보고 이것을 실재하는 현실로 착각하며 살고 있다는 것이다.

지금까지의 내용은 철학을 모르는 대부분의 사람들을 동굴 속에 갇혀 있는 사람들과 같이 실재를 보지 못하고 다만 그림자를 보면서도 그것을 실재한다고 믿는 사람들과 같다는 의미이다. 그런데 이들 죄인들 중에 한 사람을 풀어 입구 쪽으로 데려가면 처음에는 눈이 부시어 빛을 보기에 고통스럽지만 차츰 길을 걸어가며 말을 하는 사람들과 이 사람들이 들고 가는 물체들을 점차 볼 수 있게 된다. 그리고 지금까지 자신이 동굴 속에서 보아왔던 그 그림자들이 높고 낮은 담 때문에 그나마도 불완전하게 비치는 것들이라는 사실들을 알게 될 것이다. 이어 이 사물은 햇빛에 익숙하지 못해 사물을 제대로 볼 수 없지만 차차 익숙해져서 밤의 하늘을 보고 달과 별들의 밝음을 익힌 다음에 최후의 단계에서 햇빛 속에 드러난 사물의 모양을 직접 보고 더 나아가서는 태양과 햇빛을 직접 바라볼 수 있게 될 것이다.

이처럼 광명한 다른 세계의 빛을 보게 된 사람은 동굴 속에 함께 묶여 있던 사람들을 불쌍히 여기고 그들을 구출하러 다시 동굴로 들어간다. 그리고 그곳 사람들에게 바깥세상의 경험에 대해 이야기하는데 그들은 이 사실을 받아들이지 않고 오히려 그 사람들로부터 비웃음을 당하게 된다는 이야기이다.

플라톤은 이 비유를 통해 인간 역시 참된 이데아가 있지만 그것을 깨닫지 못하고 현실세계에 얽매여 그것을 참된 실재의 세계로 간주하고 살고 있다는 말이다.

이데아론에서 이데아는 오로지 인간의 이성으로만 알 수 있으며, 원래 인간이 있던 곳이다. 그런데 플라톤은 인간이 현실세계에 대한 기억을 상실하여 이데아를 기억해 내지 못한다고 주장한다.

흔히 오해하기를 이데아를 인간의 이성으로 알 수 있다고 해서 이데아가 인간 내에 있다고 생각한다. 하지만 이것은 그릇된 생각으로 이데아는 인간 속에 있는 것이 아니다. 다만 인간의 이성으로 알 수 있을 뿐이다. 따라서 인간이 모두 사라지더라도 이데아는 사라지지 않는다.

플라톤은 정신, 곧 지(知)를 통해서만 이데아를 인식할 수 있다고 보았으며, 정신이 이데아를 발견하는 방식을 세 가지로 제시했다.

첫째는 상기(anamnesis)이다. 그는 인간의 영혼은 육체와 결합되기 전에 이미 이데아들과 친숙했다고 보았다. 따라서 인간의 영혼에는 이데아에 대한 지식이 선험적으로 존재하고 있으며, 인간은 사물과의 감각적인 접촉을 통해서 망각되었던 사물의 본성에 대한 인식을 다시 상기하게 된다는 것이다.

둘째는 변증이다. 인간은 사물의 본성에 대한 지적인 탐구를 통해 사물들의 상호관계를 발견하고, 사물의 본질을 추상할 수 있다는 것이다.

셋째는 사랑(eros)이다. 영혼이 순수하게 이데아를 동경하는 것을 에로스라 하였고 에로스는 순애를 의미한다. 플라톤은 우리의 영혼이 태어나기 전에 이데아를 보았으나, 태어나는 순간 대부분 잊어버린다고 생각했다. 아름다운 것을 보거나 들었을 때 감동하는 것은 영혼이 태어나기 전에 봤던 이데아의 모습을 떠올리기 때문이라 주장했다.

그래서 우리가 아름다운 풍경을 보고 감동하는 것은 영혼이 이데아를 기억하기 때문이라고 말했다. 또한 우리가 완전함을 선호하고 선을 추구하는 것은 우리의 영혼이 항상 이데아를 동경하기 때문이라고 플라톤은 주장하였고 또한 특정한 대상에 대한 사랑은 그와 유사한 모든 형상들에 대한 사랑으로 확장되고, 나아가 외형적인 것에서 정신적인 것으로 발전하는 것 곧, 지(知)에 대한 사랑은 인간의 인식을 항구적이고 보편적인 이데아의 세계로 단계적으로 이끌며, 무지를 일깨우는 일에 참여하게 한다는 것이었다.

다시 말하면 플라톤에게 있어서 이데아의 세계는 비물질적이고, 감각에 의해 느낄 수 없는 존재의 영역으로서 실재의 세계이며 이성의 세계이다. 반면에 물질세계는 가시적 세계이고 감각경험의 세계이며, 변화의 영역에 속한다. 따라서 우리 눈에 보이는 것은 모두 모형이며, 실재는 이데아인 것이다. 이런 까닭에 플라톤의 철학은 수학적, 이론적, 형이상학적이며, 추상과 사고를 중시해서 결과적으로 경험적인 것보다는 관념적인 것을 강조하게 된다.

플라톤은 『국가론(Politeia)』에서 목수가 만든 실제 탁자와, 목수의 마음속에 있는 탁자에 대한 생각이나 개념 사이의 관계에 주목했다. 즉 목수는 자신이 만들 각각의 탁자를 가능하면 자신의 마음속에 있는 생각에 맞도록 만들려고 하지만, 재료상의 한계 때문에 항상 불완전하게 만들 수밖에 없다. 따라서 목수가 만든 어떤 탁자도 서로 완전히 동일할 수는 없다.

목수와 탁자와의 관계는 '신성의 장인'인 조물주와 우주와의 관계로 유추해서 생각할 수 있다. 조물주가 어떤 생각과 계획에 의해서 우주를 만들 때에도 그 복제품은 재료에 내재된 한계 때문에 항상 불완전하다. 즉 완전한 개념을 포함하는 이데아의 영역과 이들 이데아가 불완전하게 복제되는 물질세계가 존재하게 된다.

이처럼 플라톤은 감각적 사물들로 구성된 가시적인 세계와 별도로 정신으로만 인식할 수 있는 이데아계가 객관적으로 실재한다고 보았다. 나아가 이데아야말로 궁극적인 참된 실재라고 보았다. 이러한 이데아론은 물질적 요소를 중심으로 세계의 본질을 이해하였던 그리스의 자연철학적 전통에서 벗어나 가치 중심의 형이상학적 철학의 전통을 낳는 중요한 계기가 되었다. 플라톤은 비물질적이고 항구적인 속성을 지니는 이데아가 참된 실재라고 주장함으로써 물질적 세계를 초월하는 절대적인 가치 판단의 기준과 진리가 존재한다고 보았다.

근대에 와서 이데아는 인간의 주관적인 의식, 곧 '관념'을 나타내는 말로 사용되었으며 경험적 현실세계와 실증적 연구방법을 중시하는 경향이 확산되면서 점차 부정적인 의미로 인식되는 경향이 커졌다. 이는 '이데아의 학문(idea + logy)'이라는 뜻으로 나타난 '이데올로기(ideologie)'라는 말의 의미 변화를 통해서도 확인된다.

## 4. 이상적인 국가를 꿈꾸다. [국가론, The Republic]

플라톤에게 있어서 국가의 기원은 인간의 필요성에서 시작된다. 인간은 자기 스스로 자족하지 못하고 많은 것을 필요로 하며 살기 때문에 서로의 필요한 것들을 채워주기 위해서 도움과 협력을 필요로 한다. 이러한 필요의 충족을 위해서 요구하는 첫 번째의 것은 육체에 필요한 의, 식, 주의 필요이다.

플라톤은 분업과 교환의 원칙에 입각하여 동반자와 협력자들이 일정한 주거지에 모여 경제적 사회를 형성하였을 때 그 주민들의 조직체를 국가라고 하였다. 그러나 때로는 이 국가가 거대해질 때

국민들의 물질적 욕구와 충족이 비례해짐으로써 내적 불안과 외적 전쟁 등의 위협 때문에 국가는 건강과 균형을 잃고 해체될 위기에 놓이게 되며 부정국가가 되고 만다는 것이다. 때문에 플라톤은 그가 이상국가를 말하게 되는데 이것이 바로 그의 대표적 저서인『국가론』이다.

플라톤의 궁극적인 목표는 선과 정의의 이데아를 국가에서 실현하는 것이었다. 이러한 그의 국가론의 형이상학적 기초는 그 구조에 나타나는데 인간 영혼의 세 부분의 이론에 부합된다. 즉 영혼의 지적인 부분에 해당되는 통치자계급과 군인계급에 속하는 수호자계급, 감각적이고 쾌락적인 부분은 생산계급에 비유된다.

그의 이상국가의 목적은 어떤 한 계급에만 행복을 편중되게 하는 것이 아니고 나라 안의 전체에게 최대의 행복을 주려는 데 있었다. 다른 말로 하면 국가는 사람의 행복을 위해 존재하게 되며 정의의 원칙에 따라 사람들이 선한 삶을 누리도록 한다. 이러한 선은 교육에 의존하며 정의를 통해서만 이 선의 이데아가 실현된다.

플라톤은 인간의 몸도 세 부분, 즉 머리, 가슴, 배로 나누듯이 국가의 구성원을 세 부류로 구성하고 있는데 통치계급, 수호계급, 생산계급이 있고 이들 각각은 각자에 합당한 덕이 있으며 이 덕목들이 국가 내에서 조화를 잘 이룰 때 정의로운 이상국가가 된다고 한다.

첫째로 통치자 계급은 금에 해당되며 인간의 몸으로 표현하면 머리에 해당되며 반드시 지혜나 이성을 소유하여야 한다는 것이다.

이 지혜는 깊은 철학적 사색을 통해 얻어지는 지식을 말한다. 동굴의 비유에서 말하자면 동굴의 세계에서 나와 이데아의 세계를 본 사람에 속한다. 이 통치자의 지식은 대내적인 일과 대외적으로 관련되는 국가 전체에 관한 철학적 지식이며, 최선의 지식은 선의 이데아이고 이것이 바로 통치자가 가져야 할 정의로운 국가의 근본이다. 따라서 이들은 물질이나 욕망을 버리고 어떻게 하면 국민을 잘 통치하여 정의로운 국가를 건설할 것인가에 몰두해야 한다는 것이다.

둘째로 수호자 계급에게는 은에 해당되며 인간의 몸에 비유하면 가슴에 해당되므로 반드시 용기가 필요하다. 이러한 용기는 교육을 통해 이루어지며 어떠한 고통, 쾌락, 욕망, 공포에 굴복함이 없이 무서운 것들과 무섭지 않은 것들에 관한 올바르고 합리적인 견해를 한결같이 잃지 않는 것을 의미한다. 이는 어떻게 하면 국민의 재산과 생명을 잘 지킬 수 있는 용기와 절제가 필요하고 이들은 명예나 권력은 가질 수 있으나 사유재산이나 가족 그리고 향락적인 것은 가지거나 즐겨서는 안 된다는 것이다.

이 두 계급을 우리는 통치자계급이라고 부르는데 이들에게 사유재산을 통제하는 것은 국민의 지도자이므로 사리사욕에 눈이 멀어, 두 가지의 임무에 소홀히 하게 되어 국가를 혼란에 빠뜨릴 수 있다는 점에서 제한하고 있는 것이다.

마지막 생산자 계급은 철에 해당되며 인간의 몸에 비유하면 배에 해당된다. 이들은 나라를 다스리거나 국방의 임무는 주어지지 않으나 위의 두 계급을 책임질 수 있는 소비활동에 전념할 것을 요구한다는 것이다. 그러나 이들에게는 재산이나 가족 등의 사유재산을 가질 수 있도록 허용하였으나 절제 있는 행동을 요구하며 절제는 일종의 질서이며 쾌락이나 욕망의 극복을 말한다.

인간의 기능 즉, 머리, 가슴, 배의 기능이 잘 조화롭게 기능을 발휘하여야 한다. 다시 말하면 머리의 기능은 이성이며, 가슴은 의지 및 용기 그리고 배의 기능은 욕망이다. 이러한 기능이 각자의 덕인 지혜, 용기, 절제를 조화롭고 이상적으로 발휘하면 육체적인 건강은 물론 영혼의 건강도 유지하듯이 마찬가지로 국가는 이 세 가지의 계급이 각각의 맡은바 소임을 다할 때 국가가 원활하게 운영되고 각각의 계급이 행복을 누릴 수 있는 이상국가가 될 수 있다는 것이다. 이 세 계급의 각자가 자기의 천성에 가장 잘 어울리는 일을 맡아 이에 충실할 때 정의로운 이상국가가 탄생된다는 것이다.

오늘날 전 세계적으로 불안하고 독재적인 사회, 전제주의 국가가 만연하여 국민의 생활에 고통을 주고 정국을 혼란하게 하는 것은 각 계급들이 자기의 직급에 충실하지 못했다는 것의 반증이라 할 것이다. 대한민국의 현실도 정치인이나, 기업가, 공무원 등이 각자의 역할에 충실하지 못하고 있어서 사회가 혼란스럽고 국민들이 불안하고 국가가 위협되는 상황이 작금에 벌어지고 있는 것이다. 모두가 편안하고 안정된 생활에 종사할 수 있는 이상국가에 도달하는 것은 먼 옛날의 이야기일까?

## 5. 국가를 누가 통치해야 하는가?를 주장하다. [철인정치]

앞에서 이데아의 세계를 동굴에 비유하면서 플라톤은 감각만으로 사물을 보는 사람에게 이성의 눈으로 이데아를 보라고 다그칠 수 있는 존재, 그런 존재가 국가의 통치자가 되어야 한다고 생각했는데 플라톤은 다름 아닌 철학자가 그런 사람이라고 보았으며 국가를 통치할 수 있는 자를 철인으로 말하며 이것이 철인정치이다.

플라톤은 철인을 일체의 지식을 탐구하며 기꺼이 배우려는 자, 배움을 끝없이 추구하여 학문과 지혜를 사랑하는 사람이라고 정의한다. 여기서 진정한 지혜와 학문영역은 이성을 으뜸으로 삼고 다른 정신작용들을 그 하위에 두면서 조화를 도모하는 것이다.

따라서 철인은 아름다운 사물들이나 아름다운 현상보다 아름다움 자체를 보는 사람이라 할 수 있다. 일반적인 사람들은 아름다운 소리나 빛깔 및 모양을 볼 뿐 아름다움 그 자체의 본질을 볼 줄 모른다고 한다. 그러나 이성적인 인간, 즉 철인이나 철학자라야 비로소 아름다움 자체 즉 미의 이데아를 인식할 수 있는 것이다. 또한 철인은 모든 지혜를 바라는 사람이어서 사물을 전체적으로 볼 수 있는 사람이다.

플라톤이 말한 철인정치의 보다 중요한 의미는 철인만이 선의 이데아에 대한 지식을 가지고 있다는 데 있다. 이러한 철인은 잠재력이 있는 자를 찾아내어 교육함으로써 만들어지는데, 체육, 음악, 수학, 논리학, 철학 등과 같은 교육을 10세부터 시작하여 단계적으로 50세가 될 때까지 교육을 받는다.

플라톤은 이렇게 훈련된 철인 지배자만이 파악할 수 있는 선의 이데아를 태양에 비유하면서 증명하려 했다. 즉 눈에는 시각이 내재하고 있어 눈을 가진 자가 시각을 사용하려 해도 그리고 보여지는 사물에 색채가 있다고 하더라도 본래부터 이 목적을 위하여 만들어진 제3의 것, 즉 태양이 없으면 시각은 아무것도 볼 수 없고 빛깔도 보이지 않는 채로 있을 것이다. 선의 이데아가 가시계(可視界)에서 지성과 가시적인 것에 대하여 가지는 관계는 태양이 가시계(可視界)에서 시각과 가시적인 것에 대하여 가지는 관계와 같다.

그러므로 개인의 독특한 내면적인 경험에 의해 지배되는 지적인 특성을 지닌 철인만이 끊임없이 비합리적인 욕망에 얽매여 살아가는 즉 환상에 사로잡힌 동굴 속의 생활로부터 국가의 구성원들을 벗어나게 할 수가 있다.

철인이 지배자가 되어야 하는 이유는 그의 선의 이데아에 대한 지식과 이에 바탕을 둔 정치적 기술뿐만 아니라 그의 도덕적 자질 때문이기도 하다. 철인 지배자는 권력의 유혹에 둔감하고 이기심이 없는 자질을 지니고 있기 때문에 지배권을 담당하기에 적합한 자이다. 그는 육체적인 즐거움과 긍정적인 가치를 내려다보고 사적 이해관계를 극복한 자이며 권력을 사랑하지 않으며 유혹에 빠지지 않는 자이다.

이러한 자질을 가지고 태어난 자를 지배자로 선택해야 하며 그들의 정신을 선의 지식 획득에 도달할 수 있게 하는 방법은 사적

이해관계의 유혹을 막을 수 있도록 지배자의 생활을 규정하는 것이다. 그래서 지배자에게는 사유재산이 허용되지 않고 사적인 가정생활도 부정되고 있다. 철인의 차원에서 즐거움이란 오직 최고의 국가를 건설하기 위한 지혜에만 전념하고 나라 전체가 가능한 한 행복하게 되기를 추구하는 데 있어야 한다.

또한 철인에게 있어서 여자들은 모두 남자들의 공유물이어야 하고 어떤 여자도 한 남자와만 살아서는 안 되는 것이며 또한 자식들도 공유하고 부모가 자기 자식을 알거나 자식이 그 부모를 알아서도 안 된다. 특히 플라톤은 여자도 남자와 더불어 통치계급을 형성할 수 있다고 보았다.

그의 여성관은 당시 희랍의 문화 풍토 면에서 보면 대단히 진보적인 것이었다고 볼 수 있다. 또한 남녀의 역할과 기능이 뚜렷이 구별되는 것이 아니라 오히려 인간의 타고난 바탕은 양성에게 고르게 나누어져 있으며 남녀 공히 기능을 담당하거나 다만 모든 점에서 여자는 남자보다 약할 뿐이라는 것이다. 나아가 여자들로 하여금 남자들과 같은 일에 종사하게 하려면 그들에게도 음악과 체육 및 수학과 철학의 단계에까지 교육이 시행되어야 하며 최고 통치자의 단계에 이른 여자들은 같은 본성의 소유자인 남자들과 동료나 동반자의 관계에서 짝지어져 가장 뛰어난 자손을 낳게 한다.

플라톤은 여자와 자녀의 공유가 최고의 국가를 건설하기 위한 가장 중요한 일임을 강조하면서 국가를 분열시키는 것은 악이요 그것을 한데 묶어서 하나로 만드는 것은 최대의 선이라고 한다. 또한 국가 생활 속에서 내것이라든가 내것이 아니라든가 하는 등의 말이 가장 적게 말해지는 국가가 가장 강하게 단련된 국가라고 강조하고 있다. 플라톤은 이러한 철인이 통치하는 국가야말로 최고의 이상국가가 될 수 있다고 한다.

제5장

# 아리스토텔레스

Aristoteles,
BC 384/3~BC 322

# 고대, 중세로
# 떠나는
# 서양철학사

# 제5장

## 스승을 뛰어넘은 제자

# 아리스토텔레스

(Aristoteles, BC 384/3~BC 322)

한 치 앞도 보이지 않는 칠흑 같은 어둠에 휩싸인 방 안에 오직 사람들만이 존재한다. 한 사람이 깜깜한 방 안에서 존재하지도 않는 검은 고양이를 찾으려고 한다. 한 사람은 존재하지도 않는 검은 고양이를 찾았다고 소리친다. 또 다른 한 사람은 촛불을 켜 검은 고양이를 찾으려고 한다. 하지만 검은 고양이는 존재하지도 않는다. 여기서 검은 고양이를 찾는 행위를 '철학'에 비유할 수 있다. 또한 첫 번째 사람의 행위를 '형이상학', 두 번째 사람의 행위를 '종교', 마지막 사람의 행위를 '과학'에 각각 비유할 수 있다. 세 사람의 행위 가운데 검은 고양이를 찾을 확률이 가장 큰 행위가 무엇이냐 묻는다면 대부분의 사람들은 마지막 사람의 행위를 고를 것이다. 설령 방에 검은 고양이가 있다고 하더라도 앞의 두 사람의 행위는 검은 고양이를 찾을 확률이 마지막 사람의 행위보다는 적다는 것이 일반적인 정설이다.

이 모든 행위들의 목표는 검은 고양이를 찾는 것이다. 그리고 검은 고양이를 찾는 행위는 '철학'에 비유할 수 있다. 다시 말해서 세 사람은 모두 철학을 공부하는 것이다. 브리태니커 대백과사전에는 철학에 대해 아래와 같이 정의하고 있다.

'근본적인 믿음의 근거에 대한 비판적 검토이자 그러한 믿음을 표현할 때 사용하는 기본 개념들에 대한 분석'이라고. 『브리태니커』 백과사전에 나왔듯이, 오늘날에 있어서 철학은 독립된 다른 학문들보다 주로 근본적인 질문에 대한 답을 찾고 있다. 그래서 철학자들은 대부분의 사람들이 당연시하는 개념들에 대해 의심을 갖는 경향이 크다. 그렇다면 철학자는 비판적이고 의심이 많은 사람들이 되는 것인가? 답은 '그렇지 않다'이다. 로마시대의 정치가, 웅변가, 문학가, 철학자인 마르쿠스 툴리우스 키케로(Marcus Tullius Cicero. 기원전 106년 1월 3일~기원전 43년 12월 7일)는 그의 책 『의무론』에서 이렇게 말한다.

"지혜를 추구하는 자들은 철학자라고 호칭되고 있으며, 만약 네가 철학이라는 말을 해석하고자 한다면 그것은 지혜에 대한 탐구이기에 그 어떤 다른 의미가 될 수 없는 것이다."

지혜에 대해 탐구하는 자가, 모든 학문을 탐구하는 자가 모두 철학자가 되는 것이다. 하지만 오늘날에 있어선 철학의 어원인 그저 '지혜를 사랑한다.'라는 의미로 철학을 얘기하기에는 어려운 감이 있다. 원래 철학의 하위분야였던 학문들이 독립해 나갔기 때문이다. 하지만 모든 학문들의 기저는 철학에 있다고 볼 수 있다. 현대 시대에 사는 대부분의 사람들은 깜깜한 방 안에서 검은 고양이를 찾으라고 하면 마지막 사람의 방법을 이용하는 것을 선호할 것이다. 그것은 곧 물리학, 천문학, 생물학 등등 과학적인 내용을 신뢰한다고 볼 수 있다.

아리스토텔레스는 라파엘라의 아테네학당(The School of Athens)에서 볼 수 있듯이 플라톤과는 달리 손바닥을 땅으로 향하며 지극히 현실적인 문제에 대해 탐구하기 시작했다는 것을 알 수 있다. 사람들이 좋아하는 방법처럼 검은 고양이를 찾을 방법으로 본격적으로 촛불을 사용하기 시작한 것이다.

아리스토텔레스는 체계적이고 방대한 주제에 대한 연구를 우리에게 물려주었다. 그는 형이상학, 논리학, 정치학, 윤리학, 자연학 등 다양한 분야에 대한 기초를 마련하였으며, 스승인 플라톤과 함께 서양철학사에서 가장 큰 비중을 차지하는 인물 중 하나로 꼽힌다. 오늘날 그의 글 중 3분의 2 정도가 사라져 그가 남긴 모든 지식을 알지는 못하지만, 남은 지식들만을 취급해도 방대한 양이다.

나는 이 방대한 지식을 넓지만 얕은 틀에 가둬 이야기를 진행하고자 한다. 먼저 그의 일대기와 관점을 살펴본 후, 그가 남긴 학문에 대해 알아볼 것이다.

## 1. 생애

플라톤의 아카데미아(Academia)가 배출한 최고의 학자는 아리스토텔레스였다. 그는 이오니아의 식민도시인 스타게이라(Stageira)의 부유한 집안에 태어나 많은 유산을 물려받아 풍족한 생활을 누렸던 것으로 알려졌다. 그의 아버지 니코마코스는 당시 국왕의 친구이자 시의(侍醫)였으며 친구였기 때문이다.

18세에 플라톤의 제자로 들어가 당시의 대학인 아카데미아(Academia)에서 수학하고 20년 동안 그의 제자로 학문에 정진하였다. 그러나 플라톤이 사망하여 그의 후견인이자 조카가 원장으로 부임하자 실망한 나머지 그만두고 독자의 길로 떠났다.

그가 플라톤이 '아카데미아의 정신'이라고 할 만큼 열정적으로 학문에 정진했었을 정도로 아카데미아를 사랑한 그가 아카데미아를 떠난 이유는 스승에 대하여 좋지 않은 감정을 갖거나 교만해서가 아니라 단지 학문적인 사상이 달랐을 뿐이다. 스승이 죽자 "스승이냐, 진리냐"를 외치고 다닐 정도로 자신의 사상이 플라톤과는 달랐던 것이다.

그의 철학은 플라톤과는 확연히 차이가 났다. 그의 스승은 이성주의, 이성을 중시한 철학에 중점을 둔 반면에 그는 스승의 학문을 거부하고 실증주의, 경험을 우선시하는 관점을 중시하였던 것이다.

당시에 그의 이론을 부정한다는 것은 학계의 이단아로 불릴 만큼 그의 학문은 정평이 나 있다. 이에 대한 유명한 일화가 있다.

수도원에서 수도사들이 아리스토텔레스의 동물학에 관한 토의를 하던 중 암말의 이가 몇 개인지를 두고 다투고 있자 그 곁에서 듣고 있던 어린 종이 마구간에 뛰어가서 암말의 이를 세고 나서 몇 개라고 그들에게 알려주자 그 어린 종은 칭찬 대신 아리스토텔레스의 동물학을 부정했다고 해서 매우 혼난 일이 유명할 정도로 그의 이론에 대한 부정은 꿈도 꾸지 못할 정도로 대단했다고 볼 수 있다.

그가 최고의 학자가 될 수 있었던 것은 알렉산더 대왕의 덕을 충분히 보았으며 이로 인하여 외국서적과 동식물의 표본을 많이 모아서 학문적 활동에 충분히 활용할 수 있었다.

아리스토텔레스는 BC 342년부터 필립왕의 초청을 받아 그의 아들인 알렉산더를 제자로 맞아 4년 동안 그를 가르치고 돌아온 뒤 아폴론, 리케이오스 신전 근처에서 리케이온이라는 학교를 세웠다. 그는 이곳에서 연구활동과 산책활동을 통해 학생들을 가르치는 데 전념하여 곧 아카데미아를 능가할 정도로 유명하였다. 여기에서 유래하여 아리스토학파를 소요(逍遙)학파라 불렀다.

플라톤의 영향을 떠나 아리스토텔레스는 실제적인 관찰과 논리적 체계에 기초하여 모든 학문의 분야를 체계화하고 정리하였다. 기록에 의하면 약 400권의 저술과 1,000권 이상을 저술하였고 그 대표적인 철학적 저술로는 논리학과 윤리학, 형이상학, 정치학 등이 있다.

## 2. 아리스토텔레스의 관점

과학적 관점에서 아리스토텔레스는 토론보다는 연구와 귀납논리학에 더 비중을 두었다. 모든 탐구에서 물리적으로 현존하는 증거와 문서상으로 남겨진 증거를 철저하게 수집하는 데서 시작되었다. 기본적으로 플라톤과는 달리 자연현상에 대해 경험적 태도를 취한다는 것이다. 이와 같은 경향은 이후의 과학계를 플라톤의 철학이 아닌 아리스토텔레스의 철학이 지배하게 된 이유가 되었다. 뿐만 아니라 이후에 근대철학에도 아리스토텔레스의 경험적 사고가 많은 영향을 미치게 되었다.

신학적 관점에서의 그는 제일철학인 형이상학의 확립으로 그 관점이 나타난다. 따라서 이와 관련된 모든 학문은 최고의 학문인 신학의 영역을 떠나 존재하지 못한다고 본다. 신학을 제1철학으로 보는 것도 이와 같은 맥락이다. 아리스토텔레스는 신학을 자연학이나 수학과 병행하여 설명하며, 심지어 자연학의 일부인 천문학의 기초를 제공하는 학문이라 하였다.

제1철학을 형이상학(신학)이라고 한다면, 제2철학은 자연학이라고 할 수 있다. 신학은 언제까지나 자연적 세계에서의 존재를 탐구하는 이론학이며, 동시에 천계의 존재자(신)를 동경의 대상으로서 나타낼 수 있다.

## 3. 올바르게 사유하자. [논리학]

흔히 아리스토텔레스는 모든 학문의 창시자라고 불린다. 위에서 언급하였듯이 모든 학문을 체계화하고 발전시킨 인물이며 당시에 그의 논리를 비판한다는 것은 감히 상상도 할 수 없는 일이었다.

그는 물리학, 천문학, 심리학, 생리학, 수사학, 정치학 등 수많은 책들을 썼고 연구를 하였지만 역시 철학에 더욱더 중점을 두고 연구를 하였다. 다시 말하자면 과학적인 안목에도 충실하였지만 역시 그는 철학자였던 것이다. 따라서 그의 과학적인 원칙이 되는 원리들을 모아내고 찾는 것이 바로 아리스토텔레스의 논리학이라 볼 수 있다.

논리학은 올바른 사유에 관한 이론으로서 우리 생각이 올바르게 흐르고 있는지를 알아보고 가르치는 것이 논리학이라 볼 수 있다. 다시 말하면 올바른 사유를 위한 형식과 방법을 말하는 것이다.

우리가 특정한 사물의 진리를 알아낼 때 가장 중요한 것은 결국 올바른 말을 통해 사물의 원인과 성격을 정확하게 표현하는 것이다. 그는 이것을 위하여 사물을 분류 · 파악함으로써 문제를 정리하는데 그것을 최초로 실체, 양, 질, 관계, 장소, 시간, 상태, 소유, 능동, 수동 등의 10가지로 나누어서 사물을 정확히 표현한다는 것이다. 이것을 우리는 범주(categories)라 한다.

예를 들면 만약 개라는 실체가 있다면 개의 크기(양)와 질(온순

함), 관계(반려동물), 장소(집)를 통하여 개에 대한 생각을 정리할 수 있다. 이런 것들을 추론이라고 하는데 아리스토텔레스는 학문의 목적은 어떤 원인에서 기존의 것을 필연적으로 도출하는 데 있다. 이것이 추론이며 아리스토텔레스 논리학의 핵심이라는 것이다. 이를 아리스토텔레스의 삼단논법이라 한다. 삼단논법이란 어떤 명제에서 출발하여 그것 이상의 결론을 도출하는 방식인데

A 모든 인간은 죽는다.

B 소크라테스는 인간이다.

C 그러므로 소크라테스는 죽는다.

여기에서 A, B의 전제를 통해 C라는 명제를 도출한다는 것이다.

## 4. 사물을 구성하는 물질은 무엇인가? [형이상학]

형이상학이라는 용어는 일반인들도 익숙하게 많이 듣곤 하였을 것이다. 그러나 그 용어를 구체적으로 설명하자면 매우 힘들어하는 것은 사실이다. 원래 형이상학은 희랍어의 meta 즉 '뒤'라는 말과 physika 즉 '자연학 · 물리학'이라는 두 말이 결합되어 만들어진 말이다. 다시 말해, 세계의 궁극적 근거를 연구하는 학문이다. 자연학을 넘어선다는 말이며 범위가 매우 광대할 것이다.

아리스토텔레스의 저작 『형이상학』에서 때로는 '제1철학'이라 부르고 때로는 '신학'이라 부른 학설이 설명되어 있다. 형이상학이 어떤 학문인지에 대해 철학자들은 서로 다른 여러 의견들을 내왔지

만, 아리스토텔레스는 인간 지식의 한계를 넘어서는 것을 찾고자 했다. 즉 신이 무엇인지 규정하고 신의 실체를 밝히고 그의 인과적 역할을 규명하는 학문이 형이상학인 것이다.

아리스토텔레스는 이 분과를 '제1철학' 또는 '신학'이라 불렀고, 이것이 추구하는 것을 '지혜'라고 불렀다. 인간이라면 본성적으로 무언가를 알고 싶어 한다. 즉 지혜를 탐구한다. 지혜는 곧 철학이라고 할 수 있다. 이에 대한 내용은『형이상학』I 권에 나온다.

첫째로 지혜로운 자는 모든 것에 대해 개별적으로 학문적 인식을 갖고 있지는 않지만 가능한 한 모든 것을 안다고 생각한다. 다음, 어렵고 사람이 알기 쉽지 않은 것을 알 수 있는 능력을 갖춘 사람, 이런 사람이 지혜로운데, 왜냐하면 감각은 모든 사람에게 공통된 것이어서, 감각을 갖는 것은 쉬운 일이요 결코 지혜로운 일이 아니기 때문이다. 또한 어떤 학문분야에서나 더 엄밀하고, 원인들에 대해 가르치는 능력이 더 뛰어난 사람이 더 지혜롭고, 학문들 중에서는 자기 목적적이요 앎을 목적으로 선택된 것이 파생적 결과들을 위해서 있는 것보다 지혜에 더 가까우며, 더 지배적인 위치에 있는 것이 예속된 것보다 지혜에 더 가까우니, 그 까닭은 지혜로운 자는 지시를 받는 것이 아니라 지시를 내리고 그가 다른 사람의 말을 따르는 것이 아니라 지혜가 부족한 사람이 그의 말을 따르기 때문이다.

『형이상학』I 권에서 볼 수 있는 지혜에 대한 일반적인 관념을 보면 필연적으로 보편적인 것을 많이 아는 자가 지혜로운 자라고 말하고 있다. 왜냐하면 이 사람은 어떤 방식으로든 그 밑에 놓여 있는 것들을 모두 알기 때문이라고 이어 서술되어 있다. 지혜롭다는 것은 사물들이 존재하는 일반적인 범주를 안다는 것이다. 또 이러한 범주들 사이에 관계가 어떻게 성립하는지를 확인해 본다는 것이다. 이로 하여금 알 수 있는 것은 지혜란 원리들에 대한 어떤 학문이라는 것이다. 아리스토텔레스는 지혜가 하나의 학문인지 여러 학문인지에 대해 의문을 가질 수도 있다고 말하며 우리에게 물음을 던졌다. 또 차례로 개별자와 수학자에 대한 의문을 던진다. 이처럼 아리스토텔레스는 자신이 하는 단적인 연구에 대해서는 자세히 밝히고 있지 않다. 아리스토텔레스는 그저 질문을 던지고, 그에 대해 사유한다. 아리스토텔레스의 형이상학을 읽는 것은 이러한 사유에 참여하는 것이다. 이 같은 철학적 사유는 어디에나 있고, 철학적 사유가 있는 곳이라면 어디에나 형이상학이 있다.

형이상학이란 단순히 신에 대해서 다루는 학문이 아니라 사유가 가능한 모든 학문을 다루는, 즉 존재하는 것들에 대한 가장 보편적이고 일차적인 진리들에 대한 사유의 기록이다.

## 5. 세계는 어떻게 존재하는가? [자연학]

『자연학』에서는 자연물체 일반, 즉 형체를 가진 모든 것을 다루고, 특수한 종류의 물체는 「하늘에 관하여(On the Heavens)」·「기상학(Meteorology)」 등의 글에서 다룬다. 자연학은 여러 권으로 나누어져 있는데, 제1권에서는 물체를 구성하는 본질적 요소인, 형상과 질료에 대해서 탐구한다.

아리스토텔레스는 자연을 자연물 그 자체에 내재하는 변화와 정지의 원리로써 규정하고 있다. 아리스토텔레스에 의하면, 이러한 원리가 실재한다는 것은 명백한 경험적 사실이다. 왜냐하면 우리는 자연물이 외부의 어떤 원리에 의해서가 아니라 그 자체의 원리에 의해서 성장하고 쇠퇴하는 것을 경험적으로 관찰할 수 있기 때문이다. 아리스토텔레스는 형이상학적 관점에서 모든 자연물에는 질료에 형상이 얹혀 있다고 생각한다. 따라서 변화와 정지의 원리로서의 자연은 질료나 형상 중의 어느 하나에 내재해야 한다.

아리스토텔레스는 몇몇 근거를 제시하면서 자연을 형상으로서 이해하는 것이 보다 더 합리적이라는 결론을 내리고 있다. 다른 한편으로 아리스토텔레스는 자연이 질료로써 이해되는 것을 전적으로 배제하지는 않는다. 이때의 자연은 모든 사물의 근저에 놓여 있는 제1질료로서의 자연이 아니라, 질료 없이는 자연물이 존재할 수 없다는 의미에서의 자연이다. 오늘날 우리가 자연적 물질이라고 일컫는 것에도 아리스토텔레스의 관점에서는 질료에 형상이 얹혀 있다. 또한 우리가 물질 그 자체의 본성이라고 여기는 것도 아리스토텔레스의 관점에서는 물질의 형상이며, 이것이 바로 자연이다. 이때 자연은 그것이 내재해 있는 사물 안에서 가능태로 존재할 수도 있고 현실태로 존재할 수도 있다. 아리스토텔레스에 있어서 변화란, 가능태로서 자연이 질료를 매개로 하여 외부 그 자체의 원리에 의해서가 아니라 스스로에 의해서 현실태로써 자연을 실현해 가는 과정을 의미한다. 이런 의미에서 자연을 가지고 있는 모든 사물은 실체라고 명명될 수 있으며, 자연물의 변화는 질료적 필연성에 의해서 지배되는 것이 아니라, 형상의 합목적성을 따른다. 아리스토텔레스가 자연계를 합목적적인 세계로 보는 이유도 바로 여기에 있다.

이 세상의 모든 사물들은 제1질료로부터 제1형상으로 끊임없이 움직여가는 데 움직임의 끝은 신이라는 것이다. 이러한 신은 어떠한 질료도 포함되어 있지 않기 때문에 다른 형상으로 움직이지 않아 이를 순수형상이라 부르고 이러한 순수형상인 신은 다른 형상을 움직이게 하기 때문에 부동의 동자라고 아리스토텔레스는 불렀다.

예를 들면 예술가가 흙을 가지고 장난감 말을 만든다고 가정을 하자. 이때 흙은 질료가 되면서 가능태가 된다. 즉 완성된 상태가 될 가능성이 있는 상태라는 것이다. 또한 장난감 말은 형상이고 장난감 말을 가지고 전시를 하였다고 하면 장난감 말은 다시 질료가 되며 전시물은 형상이 된다는 것이다. 따라서 현실세계는 가능태에서 힘과 동력을 받아 어떤 목적을 완성하였을 때 현실태가 되므로 이 세상의 사물은 무한히 반복한다는 것이다. 결국 마지막에는 신이 모든 것을 조종하고 더 이상 변화하지 않는다. 이를 '부동의 동자'라 하며 현실세계는 가능태에서 현실태로 변화하는 운동으로 보았다. 이를 4원인설이라 부른다. 다시 말하면 모든 사물들은 질료와 형상, 동력과 목적으로 성립되며 플라톤이 말한 이데아는 현실세계에 있는 사물들에게 존재한다고 보았다. "플라톤이 말한 이데아는 인간의 감각을 넘어선 것이 아니다."라는 것이다.

살아 있는 생명체도 마찬가지이다. 생명체는 운동자와 원동자로 나누는데 운동자란 실제로 운동하는 것을 말하며 원동자는 그 운동을 일으키는 것을 말한다. 인간의 예를 들면 운동자라는 것은 육체(질료)를 의미하고 원동자는 정신(형상)에 해당된다는 것이다. 다시 말하면 육체는 정신의 도구가 되고 정신은 육체의 목적이 된다는 것이다.

더 자세한 내용들은 2~7권에 포함되어 있다. 이들은 어떤 것이 존재하는 목적인과 어떤 것을 존재하게 하는 작용인, 운동과 관련된 개념들, 그리고 원동자에 대해서 다룬다. 자연학에서 논의된 원리들은 자연학뿐만 아니라 아리스토텔레스의 다른 저서에서도 유용하게 다루어진다.

## 6. 중용의 도를 택하라. [니코마코스 윤리학]

니코마코스 윤리학에선 도덕에 관한 아리스토텔레스의 철학을 볼 수 있다. 책의 첫부분에선 실천과학의 정확성에 대해 설명하며 무엇인가를 행하거나 만들기 위한 학문이라며 도덕문제를 정의할 수 없는 이유를 설명한다. 도덕의 목표는 선이라고 할 수 있는데, 1장에서는 선 내지 최고 목적이 행복이라 말하고 있다. 우리가 하는 모든 일에 대하여 하나 또는 그 이상의 목적이 있다고 하면, 이것이야말로 우리가 행동하여 달성해야 할 선이며, 이 중에서도 언제나 그 자체로 모든 사람이 바라고 그 자체로 추구하는 무조건적인 목적이 행복이다. 우리는 언제나 행복을 그 자체 때문에 선택하고 결코 다른 것 때문에 선택하는 법이 없다.

이러한 행복은 완전한 덕을 따른 정신의 활동이다. 따라서 우리는 덕의 본성을 고찰하지 않으면 안 된다. 그렇게 함으로써 행복의 본성을 더욱 잘 알게 되기 때문이다. 많은 덕 중에서 우리는 인간적인 덕을 고찰해야만 한다. 우리가 추구하는 선도 인간적인 선이고, 우리가 추구하는 행복도 인간적인 행복이기 때문이다. 인간적인 덕은 신체의 덕이 아니라 정신의 덕이다. 그리고 이 덕은 여러 가지 덕으로 나뉜다. 각각의 덕은 얻는 방법과 성장하는 방법이 다르지만, 칭찬받을 만한 정신상태라는 점에선 다르지 않다. 인간의 덕은 잠재된 능력, 이성을 발휘하는 데 있다고 볼 수 있다.

다시 말하면 덕이라는 것은 이론적인 덕과 실천적인 덕이 있는데 이론적인 덕이라는 것은 지혜나 안목과 같이 이성 그 자체를 높여서 생기는 덕이며 실천적 덕이라는 것은 본능을 억누르는 힘을 말한다. 이 중에서도 아리스토텔레스는 실천적 덕으로써 중용의 덕을 강조하였는데, 이는 과도로 말미암는 악덕과 부족으로 말미암는 악덕 사이에 있다. 다시 말하면 중용이라는 것은 과도함과 지나침이 없다는 뜻으로 가운데를 의미하는 것은 아니다. 장소와 때, 목적, 사람에 따라 달라진다는 것이다. 예를 들면 식사를 할 때

부자나 거지는 양이 달라져야 한다는 것이다. 또한 전쟁에 임하는 군인에게서는 용기가 필요할 것이고 만용은 절대 금물인 것이다. 그렇다고 해서 무조건 용기를 내는 것이 아니라 상황에 따라 물러갈 것과 전진할 때를 구별하라는 것이다. 빵이 1개가 있다면 똑같이 나누는 것이 아니라는 것을 의미한다.

그렇다고 해서 악의, 질투, 살인, 강도 등의 상황에서는 이것은 허용되지는 않는다는 것이다. 왜냐하면 이것은 무조건 불의이기 때문이다. 불의나 악에는 중용의 도가 성립되지 않는다. 가령 도둑놈이 담을 넘어 돈을 훔치러 가서 얼마가 적당한가?라고 고민하지는 않기 때문이다. 이러한 중용으로서 도덕적인 덕에는 용기, 절제, 관용, 긍지, 정의 등이 있다.

아리스토텔레스는 이 밖에도 지적인 덕과, 쾌락에 대해서 강의하였는데, 이는 궁극적으로 행복을 이성의 활동에서 구하여 그것을 자족적으로 표현하며 중용의 덕을 강조하게 된다. 사람들을 덕으로 인도함에는 법률이 필요함을 일깨워주고, 이는 정치학과 연관지을 수 있다.

아리스토텔레스는 가치의 기준에 대해서 전혀 언급하지 않고, 윤리적인 선에 대하여 설명하지도 않으면서 선을 그냥 새로이 규정한다. 그리고 새로이 규정한 선은 정치에 적용하게 된다.

## 7. 인간은 정치적 동물이다. [정치학]

『정치학』에서는 인간 행동과 공동체의 문제를 다룬다. 그는 인간이 '본성적으로', '정치적 동물'이라는 전제에서 출발한다. 인간은 결코 혼자서 살아갈 수 없는 존재이며 공동체에서 공동체의식을 가지고 살아가는 존재이며 이를 위해 합리적으로 다스리는 것이 정치라는 것이다. 이를 전제로 국가에 관한 이론을 세우고 다양한 유형의 법제도를 구분한다. 정치적 불안정과 혁명의 성질과 원인에 관한 논의도 있으며, 마지막 2권은 주로 교육문제를 다루고 있다.

아리스토텔레스의 정치철학은 선험적 이데아에 기초한 플라톤의 정치철학과 다르게 실제로 존재하며 경험 가능한 것에 기초한다. 현존하는 관습, 헌법체계. 속담, 기존의 이론 등이 정치적 사유의 대상이 된다.

아리스토텔레스는 국가란 최고의 선을 추구하는 정치의 공동체라고 생각했다. 여러 가지 공동체를 아우르는 가장 중요한 공동체를 국가라고 정의했으며, 이 형태와 통치 형태를 연구하기 위해 분석적인 방법을 사용했다. 모든 분야에 있어서 최선의 연구방법은 사물들이 처음부터 성장해 온 과정을 고찰하는 방법이다. 그래서 아리스토텔레스는 국가 형성과정을 초기부터 현재까지 고찰했다.

국가 형성과정에서 국가는 본성상 존재하기 마련이다. 더 작은 단위부터 살펴보면, 가정은 번식을 위한 수컷과 암컷의 결합과 자기 보존을 위한 치자와 피치자의 결합으로 이루어진 가장 단순하고 자연적인 공동체이다. 마을은 가정에서 필요한 것 이상을 충족하기 위해 여러 가정으로 구성된 최초의 공동체이며, 국가는 여러 마을로 구성되는 완전한 공동체이다. 국가란 생존을 추구하는 과정에서 성장하지만, 선을 위하여 존재하는 것이다. 이는 자연의 산물이며 인간이 본성적으로 국가 공동체에 살도록 되어 있는 동물이기 때문이라고 볼 수 있다. 인간은 필요에 의해 가족을 이루고 계속해서 더 큰 필요를 충족하기 위해 마을이라는 공동체를 거쳐 마침내 자족을 실현할 수 있는 최고의 공동체로서의 국가에 이르게 된다.

아리스토텔레스는 인간이 국가를 이루는 것은 우연히 그렇게 된 것이 아니라 본성적으로 그렇게 될 수밖에 없다고 설명한다. "국가(폴리스)"는 본성적으로 가족이나 개인보다 우선한다. 왜냐하면 전체는 필연적으로 부분에 우선하기 때문이다. 그리고 국가의 목적은 인간 최고의 선인 지적이고 도덕적인 삶의 실현에 있다.

앞서 인간은 국가를 구성하며 살아가는 동물이며, 이것은 인간이 정치적, 사회적 동물이기 때문이라고 했다. 개인과 국가의 '살기 좋음'이 되어야 가장 바람직한 국가가 될 수 있다고 생각한 것이다. 아리스토텔레스는 공동의 선을 추구하기 위한 최상의 정치제도 '에우다이모니아'를 고민했다. 아리스토텔레스의 스승인 플라톤은 철인(철학을 하는 사람)이 정치인이 되어야 한다며 이상과 엘리트 교육을 강조했지만, 아리스토텔레스는 공동체 정신과 평등 '소셜 데모크라시'를 중요하게 생각했다. 현실주의자인 아리스토텔레스는 철학자가 통치하는 플라톤의 이상국가를 비판한 것이다. 아리스토텔레스는 현실적으로 가능한 정치를 '법치적 민주주의'라고 말했는데, 이는 법에 의해 번갈아가며 통치하고 복종하는 다수의 전사들을 말하고 있다. 이것은 사실상 중간계급에 의한 통치와 동일한데, 어느 정도는 과두정치와 민주정치의 중간적인 형태라고 볼 수 있다. 이 국가의 선은 권력과 자유, 권위와 견제 등의 균형을 통해 이루어진다고 보았다.

## 8. 좋은 습관을 길러라. [교육론]

플라톤과 아리스토텔레스는 최상의 국가를 실현시키는 데는 일치를 이루는 것에 동의를 하나 목적과 방법에는 다른 의견을 내보이고 있다. 플라톤은 지혜로운 자가 나라를 다스려야 한다는 철인정치를 내세우고 있다.

아리스토텔레스는 국가의 지도자는 유능한 정치가나 왕이 다스린다. 이들을 양성하려면 유능한 인물을 양성하는 것과 같은 교육이 필요하다. 이를 위한 기본조건으로 자연, 습관, 이성을 제시하였다.

첫째로 자연은 인간의 생물적인 활동의 기초이며 인간에게 감정적인 욕구를 제공한다는 점이며

둘째로 습관은 인간의 비합리적인 활동을 통제하는 소극적인 측면과 좋은 습관이라는 것은 제2의 천성으로 인격과 품격을 대변한다는 점에서 한 사람의 인격이란 정착된 습관의 총합이라는 적극적인 의미를 지닌다는 점에서

셋째로 이성은 인간의 삶 전체를 조명해 주어 혼란을 막아주며 질서를 부여한다는 점이다. 다시 말하면, 혼잡한 거리의 신호등의

역할을 함과 동시에 양질의 삶을 영위할 수 있다는 점이다. 따라서 가정과 국가는 좋은 인간과 시민을 만들기 위해서는 좋은 습관을 형성하도록 해야 하며 이것은 추리나 지시나 강의만으로는 되지 않는다는 것이다.

교육사상에 있어서 아리스토텔레스는 플라톤의 생각과 일치하는 면이 많다. 국가를 유지 존속하기 위해서는 자라나는 세대들에 대한 교육이 필요한데, 그런 의미에서 교육은 공적 활동이지 사적 활동이라고는 할 수 없다. 그래서 아리스토텔레스는 『정치학』 제8권에서 "교육은 법에 의해 규제되고 국가에 의해 관장되어야 한다." 라고 말한다. 그리고 아이들에게는 유용한 것을 필요한 만큼만 가르쳐야 한다. 유용한 것이라 해서 다 가르쳐서는 안 되며, 자유민에게 적합한 활동과 그렇지 못한 활동은 구분되어야 하며, 교육은 자유민에게 어울리는 활동을 가르치는 것으로 해야 한다고 말한다. 다시 말하면 특정한 개인이나 집단을 위한 것이 아니라 시민 전체를 위한 교육이 되어야 한다는 것이다.

공교육은 국가의 공통 목적을 근거로 해야 하며, 국가는 최선의 삶이어야 하는 자연적인 목적을 시민들이 자신들의 공통의 목적으로 받아들이게 해야 한다. 국가가 자연적인 모습을 유지하려면 모든 시민이 스스로 최선의 삶을 살아야 하며, 서로가 서로에게 협력할 준비가 되어 있어야 한다. 그러므로 교육은 누구에게나 동등해야만 한다. 여기서 아리스토텔레스는 공공의 관심사에는 공동으로 대처해야 한다고 말한다. 동등한 교육을 보장하기 위해서 다양한 계층의 아이들을 함께 섞어놓는다는 의미인 것이다. 결국엔 교육은 사적인 이익보단 공동의 이익을 중요시하게 된다.

아이들은 교육과 훈련을 통해서 여러 가지 덕들을 갖추게 되고, 시민들은 가장 행복한 삶을 살게 된다. 그럼으로써 아리스토텔레스가 주장한 최선의 국가를 이루게 되는 것이다.

아리스토텔레스는 교육의 목적에서 행복을 최고로 보고 개인의 완성, 합리적 사고력을 함양하는 데 있다는 것이며 이를 위해서는 다음과 같은 습관과 교수활동이 필요하다는 것이다.

첫째로 묵상을 통한 진리탐구의 길이며, 이성적인 생활을 영위하며 행복한 시민을 만드는 데 있다는 것이다. 행복한 사람이 되려면 지적 탁월성과 도덕적인 탁월성을 획득하여야 하며 이는 후천적으로 습득되기 때문에 좋은 습관을 통해 완성될 수 있다는 것이다. 이는 인격과 습관은 불가분의 관계이며 이를 통해 비합리적인 행동을 통제할 뿐만 아니라 시간과 정력을 절약할 수 있고 미래를 예측 가능하게 할 수 있다는 것이다.

둘째로 자유교육(liberal education)을 행하자는 것이다. 왜냐하면 지적 탁월성은 교수활동으로부터, 도덕적 탁월성은 좋은 습관에 의해서 생겨난다. 따라서 노예교육과 구별되는 시민 혹은 자유인을 위한 교육이 되어야 한다는 것이다. 직업교육과는 엄연히 다른 차원의 교육이 되어야 한다는 것이다.

아리스토텔레스는 플라톤의 영향을 받았지만, 플라톤과 온전히 같은 사상을 갖지는 않았다. 오히려 정치에서는 플라톤과 상반되는 입장을 갖기도 했다. 그는 형이상학에서는 단순히 신에 관해서만이 아니라 사유가 가능한 모든 문제에 대해 탐구했으며, 자연학에서는 형체를 가진 모든 것에 대해서 탐구했다. 윤리학과 정치학에선 이론과학이 아닌 실천과학에 대해서 탐구하기 시작했다. 윤리학은 개인의 최고의 선인 행복에 대해 탐구했으며 중용의 덕을 강조했다. 정치학에선 국가의 이상적인 형태를 위해서라면 개인의 선을 강조했으며, 개인의 선을 최고의 상태로 유지하기 위한 교육에 대해서도 탐구했다.

아리스토텔레스는 본론에서 다룬 내용 이외에도 방대한 양의 연구를 남겼다. 본론에서 다룬 내용은 극히 일부이며, 이것만으론 그의 사상을 모두 알 수가 없다. 하지만 한 가지 명확한 것은 그는 현실적인 선을 지향했으며, 귀납적 관찰을 중시했다는 점이다. 이는 현대과학 대부분의 분야가 아리스토텔레스에게서 벗어날 수 없게 만들었다. 그의 몇몇 이론이 잘못된 추론에 의해 이루어져 오늘날 고쳐졌어도, 그의 사상은 넓은 분야에 뿌리 깊게 박혀 있다. 즉 그의 이론이 틀렸을지라도 그 이론에 이르기까지의 귀납적 탐구의 과정과 수많은 철학적 탐구의 과정은 본받을 만하다는 것이다.

제6장

# 헬레니즘

## – 로마시대의 철학

1. 욕정을 단념하고 이성적인 삶을 살아라! [스토아학파]
2. 죽음은 만나지 않는다, 즐겨라. [에피쿠로스학파]
3. 모든 사물에 대해 긍정도 부정도 마라. [회의학파]
4. 신앙은 지혜를 낳고 지혜는 덕을 낳는다. [알렉산드리아학파]
5. 플라톤을 사랑한 자들 [신플라톤학파]

고대, 중세로
떠나는
**서양철학사**

# 제6장

# 헬레니즘
## – 로마시대의 철학

페르시아의 침입에서 승리한 그리스는 최고의 전성기를 맞이하였으나 펠로폰네소스전쟁과 더불어 알렉산더(알렉산드로스) 대왕이 그리스를 정복한 마케도니아에 의해 멸망되었다. 알렉산더의 동방정벌은 그리스의 문화에 많은 영향을 끼쳤다.

그리스의 예술과 문화, 철학사상 등이 알렉산더 대왕과 함께 같은 길을 따라 들어갔다. 알렉산더가 사망한 이후 로마제국이 탄생하였으나 그리스의 예술과 철학사상은 자연히 로마제국에 스며들었는데 이를 헬레니즘(Hellenism)이라 불렀다. 헬레니즘이라는 말은 그리스의 형용사인 'hellenic'에서 유래되었다는 의미에서 '그리스주의'를 의미한다고 볼 수 있다.

여기에는 그리스문화와 동양적인 요소들이 가미된 세계화적인 문화로 바뀌었으며 철학사상도 인간과 사회 그리고 자연을 탐구하던 사상도 전쟁의 후유증으로 인해 현세적이고 개인적인 처세를 위한 문제만이 부각된 시기이며 어떻게 하면 이 세상에서 잘 처신하여 안녕과 개인의 삶을 영위할까? 하는 데만 관심을 두었다. 다시 말하면 자신의 내면에서 구원과 행복을 느끼며 자기의 입신양명만을 위한, 개인적 처세만을 위주로 한 한정적인 철학이 이루어진 시기라 볼 수 있다. 따라서 이 시기를 고대철학의 3기인 '헬레니즘 – 로마시대의 철학'이라고 명명한다.

고대철학은 기원전 600년경부터 그리스에서 시작된 것으로 본다. 이 시기에서 기원후 4~5C, 즉 고대사가 끝날 때까지의 철학을 고대철학이라고 하며 고대철학은 3기로 나눌 수 있다.

제1기는 창시기(創始期)의 철학을 말하며(BC 6~5C) 자연을 대상으로 그 속에서 존재하는 변화하지 않는 원질(原質)을 탐구하였다. 원질을 물로 본 탈레스, 무한정한 것이라고 생각한 아낙시만드로스, 공기로 본 아낙시메네스, 또 불생불멸의 "있는 것"만이 존재한다고 생각한 파르메니데스, 불이라고 본 헤라클레이토스, 다수의 원질이 존재한다고 생각한 다원론자들이 이 시기에 속한다.

제2기는 아테네기의 철학을 말하며 BC 5C 후반이 되자 지금까지 자연을 대상으로 하던 철학은 인간문제를 대상으로 삼게 되었다. 프로타고라스와 고르기아스가 이런 전회(轉回)의 첫발을 내디딘 사람이었는데 결코 객관주의적인 해답은 얻을 수 없다는 상대주의의 입장에 있었다. 이에 반해 인간의 영혼을 철학주제로 삼은 것은 소크라테스였다. 그 근본사상은 "덕(德)은 지(知)"라는 것이었고, 제자인 플라톤은 이데아론 사상을 또 그 제자인 아리스토텔레스는 스승의 사상을 이어받으면서 독자적인 철학세계를 만들었다. 이 아테네기의 철학은 고대철학의 최전성기였다.

제3기는 헬레니즘·로마시대의 철학의 시기로 아리스토텔레스 사후에서 고대 말까지의 철학을 말한다. 이 시기 초에는 키프로스의 제논이 창사한 금욕주의인 스토아학파, 에피쿠로스를 창사자로 하는 쾌락주의인 에피쿠로스학파, 피론이 창사한 회의학파가 있었으며, 이들은 인간 자신의 힘으로 안심입명(安心立命)을 구하려 하였는데 후기에 이르러 점차 인간 이상의 초월적인 신을 찾고 구원을 얻으려 한다. 피론의 철학, 신플라톤학파의 철학이 그 대표적인 것이다.

아리스토텔레스 사후의 시대는 그리스 도시국가들이 붕괴한 것이 특징이었다. 이 도시국가들은 알렉산더 대왕을 계승한 헬레니즘시대의 왕들이 벌인 권력다툼의 저당물이 되었다. 이 어지럽고 불안한 환경에서 2개의 독단적 철학세계, 즉 스토아철학과 에피쿠로스철학이 생겨났다.

## 1. 욕정을 단념하고 이성적인 삶을 살아라! [스토아학파]

당시에 철학의 주류를 이루던 철학의 학파는 에피쿠로스학파와 스토아학파였다. 두 학파는 추구하는 삶과 철학이 확연히 차이가 나는 사상적 대립을 가지고 있다.

먼저 스토아학파의 사상은 누구 하나에 의해서 갑자기 나온 것이 아니라 시대적 역사를 가지고 있다. 이 학파의 창시자는 그리스의 사람이 아니고 페니키아 사람으로 짐작되는 키티온의 제논(Zenon, BC 335~BC 263)이며 스토아학파란 명칭은 그가 아테네 아고라광장의 스토아, 즉 기둥들이 늘어난 복도에서 사람들을 가르쳤다 하여 스토아학파라고 칭했다는 것이다. 로마에서는 대체로 통속적이고 절충적인 도덕설이 되었는데, 이 시대에 유명했던 스토아학자로서는 법률가요, 정치가이며 폭군 네로의 스승이기도 하였던 세네카(Seneca), 에픽테토스(Epiktetos), 명군 아우렐리우스(Antonius, Marcus Aurelius) 황제, 제논과 그의 제자인 클레안테스 등이 있다.

스토아학파 사상은 학설로도 큰 세력을 폈지만 그 시대의식에도 적합하여 마음의 수양에 크게 이바지하였다. 특히 로마에 전파된 후에는 武(무)를 숭상하는 로마인들의 기풍에 맞아 수도에서 성행되었다. 스토아학파는 철학, 논리, 물리, 윤리를 구분했다. 그러나 그 중심은 어디까지나 윤리에 있었고, 논리와 물리는 윤리의 기초과목에 해당되었다.

스토아학파는 우리의 지식은 감각을 통해 지각함으로써 성립된다는 것이다. 지식은 감각에서 시작하여 이 감각을 통해 성립되는 지각이 후에 남아서 기억이 되고, 기억이 쌓여서 경험이 되고 경험을 바탕으로 추론하여 보편적 관념이 성립된다는 것이다. 지식은 외물의 인상을 통해서 성립되므로 우리의 관념이 진리냐 아니냐 하는 점은 그 관념이 대상과 일치하느냐 그렇지 않느냐에 따른다.

그런데 이 일치 · 불일치는 어떻게 할 수 있는가?

참된 관념은 그 관념이 직접 진리임을 증명한다는 것이다. 진리가 스스로 진리임을 나타내고 다른 것이 증명해 주는 것이 아님은, 마치 빛이 다른 것에 의해서 비추어지지 않고, 스스로 빛을 발휘하는 것과 마찬가지라고 했다. 스토아학파의 형이상학은 유물론이다. 실재하는 모든 것, 인간의 영혼이나 신은 물론이요, 사물의 성질 그리고 덕이나 정욕까지도 물체라는 것이다.

그런데 모든 물체는 물질과 힘으로 양분화되면서도 하나의 것이다. 물질 그 자자체는 아무런 성질이 없으며 거기에 힘이 가해져 운동하게 됨으로써 여러 가지 성질이 나타나게 된다. 스토아학파에서는 이 힘의 근원을 헤라클레이토스를 따라 로고스라 하였고 또 만물의 근본원소도 불(火)이라고 했다. 이 불이 곧 신이요, 로고스이다.

이러한 스토아학파의 형이상학은 범신론적 색채를 띠게 되었다. 즉 로고스요, 신인 불의 일원론을 주장했으나 이 불은 일면 물질이면서 다른 면에서는 힘이요, 또한 정신이기 때문에 불을 근원 원소로 하는 이 우주는 이성적인 것이어서 거기에는 질서 · 조화 · 목적과 미가 있다. 인간의 영혼은 우주 신화의 일부분을 받은 것으로 인간에서 가장 존귀한 이성은 우주의 이성인 로고스(본래의 뜻은 "말" 또는 "이야기"임)가 깃들어 있다. 인간의 인간다움은 이성을 찾아야 하는데 이성은 또한 이 우주 · 자연을 지배하는 법칙이기도 하다. 그러므로 인간다운 생활, 인간의 본성에 맞는 생활은 자연에 순응하는 생활이다.

따라서 스토아학파의 모토(motto)는 "자연에 순응하여 생활하라"는 것이다. 그들의 입장에서는 천리와 인도는 서로 다른 것이다. 덕·부덕의 구별은 외형상으로 나타난 행위에 있는 것이 아니라 정신적 태도에 있다. 정신적 태도가 도리에 어긋남이 없고 이성에 맞으면 덕행은 스스로 따르게 마련이다. 그리고 덕과 부덕의 중간 단계는 없다. 인간에는 다만 유덕한 사람(현인)과 부덕한 사람(어리석은 자)이 있을 따름이다. 스토아학파에서는 인간이 갖추고 있는 덕성은 선한 것이고 부덕은 악한 것이라 하고 기타 여하한 것에도 선악의 구별을 두려고 하지 않았다.

그러므로 부귀·공명·쾌락·생사 등 善(선)도 아니요 惡(악)도 아닌 아디아포라(Adiaphora), 즉 중립적인 것이라고 했다. 이러한 아디아포라(Adiaphora)적인 것에 마음이 사로잡히는 것이 곧 부덕의 근원이요, 또 그것이 번뇌이다. 이성을 따른 생활, 즉 유덕한 생활이란 주로 소극적인 면에서 보자면 그러한 번뇌에서부터 해탈된 생활이다. 스토아학파 윤리설은 유덕한 생활을 주로 이 소극적인 면에서 보려고 하였다. 수양이란 아디아포라(Adiaphora)적인 사물에 대해서 완전히 무관심할 수 있는 아파테이아(마음의 경지)를 얻는 데 있다. 이 부동심만으로 우리는 安心立命(안심입명)할 수가 있는 것이다. 부동심을 존중하고 생사까지도 가벼이 생각하므로 스토아 철학자 중에는 의지력에 의해 호흡을 멈추어서 자살한 자가 많다고 한다. 이 학파의 창시자 제논과 클레안테스 또 세네카 같은 사람들도 자살을 하였다.

살아남아서 아디아포라적인 것에 의해 지배되기보다는 스스로 목숨을 끊는 것이 정당하다고 보아 이 학파에서는 자살을 시인했던 것이다. 아리스토텔레스 이후의 윤리사상은 개인주의적 경향에 흘렀으나 스토아학파만은 도덕의 사회성을 중요시했다. 그들은 가정과 국가에 대한 의무를 중요시하였고 나아가서는 모든 인간은 이성을 갖추고 있다는 점에서 민족이나 혈통의 구별을 넘어서는 것이라고 보았다. 이것이 곧 이 학파의 세계주의이다.

이리하여 로마의 스토아 철학자들은 명백하게 박애의 덕을 강조하게 되었다. 또 이 세계주의는 여러 이민족을 통합한 로마대제국의 성립과도 관련이 있는 것으로 보아야 할 것이다.

위에서 말한 바와 같이 스토아학파는 우주의 理法(이법)인 로고스가 곧 신이라고 보아 범신론적인 색채를 띠고 있었다. 우주의 이법인 신의 섭리는 필연적인 것으로 의지가 있는 인간이나 의지가 없는 기타 만물을 막론하고 이 필연적인 섭리, 다시 말하면 천명에 따라야 한다. “천명을 욕구하는 자는 이를 선도하고 욕구하지 않는 자는 이를 이끌고 간다.”라고 스토아학파에서는 말한다. 이 말은 자연에 순응해서 생활하라는 모토(motto)와 견주어볼 때 당시와 같은 세태에서도 자연과 천명에 순진스럽게 자신을 내맡기려는 낙천적인 인간모습을 엿볼 수 있다.

그렇다고 이러한 그들의 태도는 자포자기하는 태도가 아니다. 그것은 부동심을 말하는 그들의 태도로 미루어보아 너무나 명백한 일이다. 스토아학파가 안심입명을 구한 것은 당시의 세태를 반영한 것이라고 생각되며 그러면서도 자력의 강조를 잊지 않는 것은 로마적 기운을 반영한 것이라고 하겠다.

결론적으로 말하자면 첫째는 소크라테스철학의 영향을 받은, 즉 소크라테스의 제자인 안티스테네스가 설립한 키니코스학파가 발전한 것으로 여겨진 스토아학파는 이성에 따르는 삶을 강요하였으며 세계관은 모든 근본을 물질로 보는 유물론적 사상을 가지고 있었으며 예를 들면 인간의 육체나 영혼 그리고 신은 말할 것도 없이 사물의 성질이나 인간의 덕과 정욕 자체도 물체라는 것이다.

둘째는 헤라클레이토스와 마찬가지로 만물의 근본원소는 불로 보았으며 불이 이 세계의 물질에 힘을 불어넣어주는 로고스(logos)이며 신과 동일한 것으로 일종의 정신과 같다는 것이다. 따라서 이성적인 삶이 질서와 조화를 이루는 요소라는 것이다. 이 우주에 질서가 있는 것은 그 안에 로고스가 있어서 그러하며 인간의 정신에도 이성이 들어 있어서 이성에 따를 때 바람직한 행동이 나오며 그것이 자연에 순응하는 삶이 되며 스토아학파의 모토인 "자연(이성)에 순응하며 살라"는 것이며 이때 자연과 이성은 동일한 것이 된다는 것이다.

셋째는 윤리학적인 문제로 인간들에게 세속적인 행복을 버리라는 것이다. 다시 말하면 안락함과 물질적 풍요는 결코 우리들에게 도움이 되지 않는다는 것이다. 따라서 스토아학파를 금욕주의라고 부르는 이유가 여기에 있는 것이다.

참된 행복은 금욕을 함으로써 쾌락을 이겨내고 자신의 의무를 다함으로써 생겨난다는 것이다. 따라서 이성에 따르는 삶이 참된 행복이고 덕이라는 것을 의미한다.

단순히 인간은 쾌락을 찾는 동물만이 아니라는 것이다. 고통이 따르는 삶이 있다는 것이다. 누구나 이 길을 피하려고 할 것이다. 쾌락만이 행복과 일치하는 것은 아니라는 것이다. 따라서 이성에 따를 것을 요구하는 것이다. 이것이 덕이 있는 행복이라는 것이다.

덕과 부덕은 무엇으로 구분하는가? 스토아학파는 정신적인 문제라고 말한다. 어떻게 살며 어떤 것을 추구하는가?에 달려 있다는 것이다. 이것이 바로 지혜이다. 이런 점에서 소크라테스의 사상과 일치하는 것 같다. 어떤 행위에 대해 덕이 있다 없다는 결과를 가지고 판단하는 것이 아니라 옳은 행위를 하려는 의지가 있느냐 없느냐의 문제일 것이다. 이를 위해서는 부동심(apatheia)을 잃지 말아야 한다는 것이다. 이러한 부동심은 오직 수양을 통해서 외부의 상황에 절대 흔들림이 없어야 한다는 것이다. 이것이 진정한 자유이며 현자이며 행복이라는 것이다.

절제와 부동심을 얻기 위해서는 목숨까지도 내놓을 준비가 되어 있어야 한다는 것이다. 구차하게 살려는 것보다 차라리 자살을 택하는 자들이 스토아철학자들의 대부분이다. 이의 일화는 제논편에서 이야기하려고 한다.

## 죽음아 내가 너에게 가마, 자살을 선택했던 제논

(Zenon, BC 335~BC 263)

제논은 스토아학파의 창시자로 알려져 있다. 제논이라는 이름에는 두 사람이 존재하는데 고대철학자로 날아가는 화살은 정지되어 있다는 엘레아 출신의 학자와 여기서 다루는 키티온 출신의 학자이다. 동명이인인 셈이다.

그는 내성적이며, 후안무치한 성격의 소유자이면서도 검고 거친 피부와 마르고 구부정한 볼품없는 외모를 가졌으며 그의 별명은 '이집트의 포도넝쿨'이라 불렀을 정도로 볼품이 없었다고 한다. 마치 소크라테스처럼 말이다.

제논은 책방 주인의 소개로 키니코스학파의 한 사람인 크라테스를 스승으로 삼았다. 당시에 그는 그리스 최고의 철학자들 가운데 소크라테스의 사상에 매료되었던 것으로 알려진 인물로서 제논은 소크라테스의 사상을 접하려고 그의 제자가 된 것으로 추측하고 있다.

그는 몇 번이고 스승의 곁을 떠나 한때는 메가라학파를 추종하여 옮겼으나 그의 인생에 있어서 철학을 선택한 것은 최고라 회상을 하였으며 그 뒤에 독립하여 스토아에서 당시의 내노라하는 인물들을 가르쳤다.

제논은 인간은 욕망의 노예적인 삶이 아니라 덕에 따른 삶을 추구하는 것이며 이는 앞에서 말한 자연과 개인 삶의 조화를 뜻한다는 것이다. 이는 반드시 이성이 토대가 되어야 하며 이로 말미암아 바람직한 덕이 되고 덕은 무엇을 참고, 무엇을 선택하고, 무엇을 해야 하는지를 알려준다는 것이다. 이는 부동심이 어떻게 형성되는지를 알려주며 고통과 쾌락에 무관심할 때 그러한 상태에 도달할 수 있다는 것이다.

인간은 감정과 욕망을 지배해야 부동심뿐만 아니라 지혜를 가질 수 있다는 것이다. 이렇게 해야 자유로운 삶을 가지며 행복한 삶을 살아간다고 믿었으며 또한 그는 그러한 삶을 실천에 옮긴 사람들 중 하나였다.

제논은 70살이 되던 해에 스토아에서 돌아오던 중 스스로 호흡을 끊었다고 알려져 있다. 또한 어떤 기록에는 단식을 해서 죽었다는 설도 있는데 그의 마지막 말은 "죽음아 무엇 때문에 나를 부르느냐 내가 가마"라고 말할 정도로 자신의 의지대로 함으로써 스토아학파들의 부동심을 유지하고자 하였다.

이처럼 모든 스토아 학자들은 엄격한 금욕주의에 따라 외부적으로 흔들리지 않는 내면적인 덕을 쌓는데, 부동심을 얻기 위해 노력하였으며 자기 자신의 삶을 선택하는 것처럼 죽음도 선택할 수 있다고 생각했으며, 이를 위해 자살도 선택하였다.

스토아학파들의 삶을 살펴보면 대부분 이 같은 삶을 선택하였다. 이를 살펴보면 클레안테스((BC 331~BC 232)도 말년에 치통을 앓았는데 의사가 단식을 권유하자 단식 후 몸이 의외로 편해지자, 그는 단식을 하는 김에 아예 먹는 것을 중단할 정도로 너무나 의지가 강하여 굶어 죽었다.

클레안테스에 이어 스토아학파의 3대 지도자인 크리시포스(Chrysippos, BC 279~BC 206)는 지나치게 많이 웃어서 세상을 등지게 되었다고 한다. 그의 일화를 소개하면 자기 집에 있던 노새가 무화과 한 바구니를 먹어버린 것을 보고 노예에게 포도주까지 주라고 했다. 그 포도주를 먹은 노새가 술에 취해 비틀거리는 모습을 보고는 얼마나 웃었는지 그만 몸이 뻣뻣하게 굳어 그 자리에서 일어나지 못했다고 한다.

세네카(Seneca, BC 4~AD 65)도 네로의 의심을 받아 스스로 동맥을 잘라 자살하였으나 죽지 않자 온갖 방법을 동원해서 자살한 것으로 알려져 있다.

이를 살펴보면 바람직한 덕성은 고통을 악으로 인정하지 않는다는 것이며 내면의 성찰을 확고히 한 삶을 따를 것을 요구하는 것이다.

스토아학파의 사상을 정리한다면 첫째, 모든 인간은 이성을 소유하며 보편성을 갖고 있다는 점에서 민족과 개인 간의 편견이 없으며 공통된 세계적인 정신을 소유하며 선민사상을 배격하고 기독교의 도입을 불러오는 한편 로마제국의 정복정신과 맞물려 세계주의를 향하였다는 점이다. 따라서 인류를 사랑하는 데 있어서 빈부나 국가와 관계없이 서로 존중해야 한다는 것이다. 둘째로 위와 같이 인간을 사랑하는 것은 자연법사상을 가져왔는데 이는 당시의 실정법에 반하는 것으로 어느 나라와 민족에 관계없이 인간의 기본권인 생명권, 권리, 자유, 평등의 기본권은 똑같다는 것이다. 이는 후에 만민법의 기초가 되고 민주주의와 계몽주의를 이끄는 도화선이 되었다. 셋째로 스토아학파는 궤변만을 일삼는 것이 아니라 실천하는 삶을 가져야 한다고 했다. 다시 말하면 실천적인 삶을 강조한 것이다. 이에 대해 "규칙적으로 일하는 사람에게는 어리석은 짓을 할 일이 없다"는 말과 "식사를 할 때는 식사법에 대해 이야기하지 말고, 자신의 음식을 먹어라"라는 세네카나 에픽테토스의 말을 떠올리게 된다.

### 죽기 위해 동맥을 자르고 독약을 먹고 뜨거운 물에 들어간 세네카(Seneca, BC 4~AD 65)

세네카는 귀족집안에서 태어나 스토아 철학자이면서도 매우 유명한 웅변가이다. 아버지 루키우스 안나이우스 세네카(Seneca the Elder)는 로마에서 수사학 교사로 유명했다. 어머니 헬비아는 훌륭한 성격과 교양을 지니고 있었다. 세네카는 어릴 때 큰어머니를 따라 로마로 유학을 가서 연설가 훈련을 받았으며 스토아주의와 금욕주의적 신피타고라스주의를 혼합한 섹스티의 학교에서 철학을 공부했다. 세네카는 병에 걸렸으며 건강을 회복하기 위해 이집트로 갔다. 그곳에 있는 그의 큰어머니는 사령관 가이우스 갈레리우스의 아내였다. 31년경 로마로 돌아와 활동하기 시작했다.

그는 곧 황제 칼리굴라와 충돌했다. 황제는 그를 죽이려 했으나 그의 목숨이 얼마 남지 않았다는 변론 때문에 그만두었다. 41년에 황제 클라우디우스는 자신의 조카딸 율리아 리빌라 공주와 간통했다는 혐의로 세네카를 코르시카로 추방했다. 부적합한 환경에서 그는 자연과학과 철학을 공부했고 「위로문(Consolationes)」이라는 제목으로 3편의 짧은 글을 썼다. 황제의 부인 아그리피나의 영향력 덕분에 49년 로마로 다시 돌아왔다. 그는 50년에 집정관이 되었고 돈 많은 여자 폼페이아 파울리나와 결혼했으며, 신임 근위대장인 섹스투스 아프라니우스 부루스 등 강력한 친구집단을 만들었고 훗날의 황제인 네로의 스승이 되었다. 54년에 클라우디우스가 암살되자 세네카와 부루스는 권력의 정상에 올랐다.

그들의 친구들은 게르만과 파르티아 국경지역에 대한 대규모 군사권을 장악했다. 네로는 세네카가 초안을 쓴 첫 대중연설에서 원로원에 자유를 주고 자유민과 여성의 영향력을 끝장내겠다고 약속했다. 네로의 어머니 아그리피나는 자기의 영향력을 계속 유지하겠다고 마음먹었으며 그 밖에도 강력한 적들이 있었다. 그러나 세네카와 부루스는 비록 스페인과 갈리아 지방 출신이었지만 로마 세계의 문제점을 잘 알고 있었다. 그들은 재정 · 법률의 개혁을 단행했고 노예에 대한 좀 더 인간적인 태도를 장려했다. 그들이 임명한 코르불로가 파르티아군을 이겼다.

영국에서는 부디카의 반란이 진압되자 좀 더 계몽된 통치가 뒤따랐다. 그러나 역사가 타키투스(56경~117)가 말했듯이, "인간사에서 뒷받침할 자기 힘이 없는 권력보다 더 불안정하고 불확실한 것은 없다." 세네카와 부루스는 폭군이 총애한 인물들이었다. 59년에 그들은 아그리피나의 살해를 묵과하거나 꾸미지 않을 수 없었다. 62년에 부루스가 죽자 세네카는 권력을 더 유지할 수 없음을 깨달았다. 그는 은퇴를 허락받고 남은 해 동안 매우 뛰어난 철학책 몇 권을 썼다. 65년에 세네카의 적들은 그가 피소의 음모에 가담했다고 고발했다. 그는 자살을 명령받고 꿋꿋하고 침착하게 죽음을 맞이했다

그는 친구들이 그런 모습을 보고 탄식을 하자 이렇게 말했다고 전한다. “여러분은 철학을 잊었는가? 어미를 죽이고, 아우를 쳐 죽인 자가 이제 스승을 죽이는 것 외에 무엇이 남아 있겠는가?” 그의 죽음에 대한 일화로도 유명한데 처음에는 팔의 동맥을 잘라 자살을 하였으나 피가 나오지 않자, 다시 발목의 동맥을 잘랐으나 고통만 클 뿐 죽지를 않았다. 이에 또다시 독약을 마셨으나 동맥을 끊은 후 과다출혈로 피가 없어 독약이 퍼지질 않자 뜨거운 욕탕에 들어가 죽음을 맞이했다는 일화로 유명하다. 당시에 스토아학파들이 주장한 것처럼 구차하게 사느니 죽음을 택한 전형적인 인물이었다.

그가 죽음에 초연했던 이유는 악의 깊은 맛을 본 그가, 어떻게 죽음에 대해 초연한지를 그가 생각했던 진정한 행복의 삶이 어디에 있는지를 알고 있었기 때문이다. 이에 대해 다음과 같이 적었다.

“나는 배부르게 먹고, 잔을 모두 비우는 데 목적을 두지 않고, 다만 배고픔과 목마름을 달래는 데 목적을 둔다. 나는 친구를 보호할 것이다. 적에게는 너그럽게 대할 것이다. 용서해 달라는 부탁을 받기 전에 먼저 용서하고 고귀한 요구는 기꺼이 들어줄 것이다. 모든

세계가 내 조국이며, 세계의 통치자는 신이며 신이 우리 위에 존재하면서 우리의 말과 행동을 심판한다는 것을 나는 알고 있다. 자연이 내 생명을 내놓으라고 요구하거나 이성이 내 생명을 끊어버릴 때 나는 나의 바른 양심과 노력을 사랑했노라고, 다른 사람의 자유를 해치거나, 나 자신의 자유를 해친 적이 결코 없었노라고 증언하면서 이 세상을 떠날 것이다."

세네카는 스스로 세속적으로 살면서 끝내 인간다울 수 있는 것은 인간이 올바른 이성을 가지고 있다는 신념을 가지고 덕의 목적을 실현하기 위해 살아왔다면서 이를 위해 기꺼이 목숨을 바쳤다는 것으로 유명하다.

### 절름발이 철학자. 참아라, 그리고 체념하라.

**에픽테토스**(Epiktetos, AD 50~138)

에픽테토스(Epiktetos)는 스토아학파의 전통과 맥락 안에서 이해할 필요가 있다. 만약 우리가 어떻게 할 수 없는 경우에는 어떤 선택을 할 것인가?. 다시 말하면 우리가 걱정을 해도 해결책이 보이지 않는 경우를 생각하여 보라! 이럴 때 노예출신인 철학자 에픽테토스는 "아네크, 카이, 아네크(참아라, 그리고 체념하라)"라고 말한다.

그는 운명도 기구하였다. 노예 출신의 주인을 둔 노예였다. 그의 이름도 노예를 뜻하는 '곁다리로 얻은 사나이'다. 그에 대한 일화가 있는데 스토아적 성향을 지녔다.

어느 날 주인인 에파프로디토스가 에픽테토스를 화나게 하려고 그의 다리를 비틀자 그는 웃으면서 말했다. "주인님! 그렇게 계속 비틀면 다리가 부러집니다." 그러자 주인은 계속해서 다리를 더욱 비틀어서 결국에는 다리가 부러지고 말았다. 그러자 그는 태연하게 "그것 보십시오. 계속해서 비틀면 부러진다고 하지 않았습니까?"라고 하였다.

그는 주인의 배려로 철학에 입문하게 되었는데 당시 노예가 학문에 입문하는 것은 쉽지 않았는데 이러한 상황이 세상을 초연하게 바라보게 했는지도 모른다. 따라서 그는 소크라테스의 바람대로 이성적인 삶과 실천적인 삶을 산 위대한 철학자이다.

그가 말하는 '자유'란 원칙적으로 인간이면 누구나 누릴 수 있는 '정신적 자유'를 의미한다. '노예'란 자기 자신이 스스로에게 부여해서 만들어진 '정신적 부자유'이다. '정신적 자유와 스스로 자초한 노예'의 대조야말로 그의 일생을 통한 철학적 화두이다. 자유와 노예는 자신이 속하는 사회적 지위와 무관하게 사람에게 속하는 정신의 지위이고 태도에 대한 비유이다. 그래서 그는 자유인 신분을 가진 자신의 학생을 '노예'라고 부르기도 하는데, 이는 '지혜로운 자'만이 자유롭다는 스토아적 역설을 반영하는 표현이기도 하다. 노예였다는 경험과 도미티아누스의 학정을 체험한 에픽테토스로서는 그러한 경험에 입각하여 진정한 의미의 자유를 깨달음으로써 자신이 체험했던 세상적인 흔적을 씻으려 했는지도 모른다.

바로 이 점에서 그의 철학의 목적은 이 세상적인 관심을 넘어서

고자 하면서도 그 방법에서는 늘 이 세상적인 일에서 그 단초를 찾아 경험을 통한 삶의 자세를 바꿀 것을 사람들에게 권면하는 설득적 논증을 펼치는 것이었다. 에픽테토스를 만난 적이 없는 황제 마르쿠스 아우렐리우스에게도 그의 철학이 생생하게 담겨 있는 『담화록』의 가르침이 황제의 스토아적 『명상록』에 그대로 영향을 미치고 있다. 한때 노예였던 사람의 글이 로마 황제의 생각에 깊은 영향을 미쳤다는 것은 에픽테토스의 사상과 말이 얼마나 강력하고 설득력이 있었는지를 보여주는 가장 주목할 만한 증거이다.

마르쿠스 아우렐리우스는 그의 저작 『명상록』에서 『담화록』을 여러 번 언급하고 있으며, 당대의 의학자이며 철학자인 갈레노스(Galenos)는 파보리누스(Favorinus)의 비판에 맞서 에픽테토스를 옹호하는 책을 썼다고 한다. 『담화록』과 『엥케이리디온』은 당시 민중들 사이에서 보편적으로 쓰였던 언어이자, 성서 헬라스어인 코이네로 기록되어 있다. 그 저작의 내용이 기독교적인 금욕주의와 도덕주의에 일치하는 면이 많다는 측면에서 기독교인들 사이에서 널리 읽혔고, 특히 『엥케이리디온』에 대한 기독교인들의 관심이 많았던 만큼 이름 모를 사람들의 기독교적 시각이 들어간 주석과 다소 개작된 형태의 여러 사본(Paraphrasis Christiana, St. Nilus판)이 전해지고 있다.

### 논리학에 대한 관심과 실천 철학

당대의 모든 철학의 사조가 다 그렇다는 것은 아니지만, 초기 스토아와 달리 에픽테토스가 살던 시기는 철학적 관심의 폭이 한곳으로 집중되어 드러나고 있다. 초기 스토아에서 활발하게 이루어졌던 논리학적 관심은 로마제국 초기의 스토아 철학에서는 어쩐 일인지 그 관심과 열정이 사라지고 말았다.

'논리학에 대한 거부'의 입장은 세네카, 에픽테토스, 아우렐리우스 등에게서 공통적으로 나타난다. 세 명의 철학자들은 서로 다른 출신 배경과 지위와 성격을 지녔음에도 불구하고, 공통적인 주제로 '이론적인 것보다는 삶의 실천적 문제들'에 더 많은 관심을 가지고 있었던 것처럼 보인다. 그들이 살던 시대에는 '그래도' 초기 스토아의 주요한 학문의 영역이었던 자연학과 논리학은 무시되고 잊혀져 갔다. 사실상, 에픽테토스의 대화록 어디에도 '자연학적 물음' 자체를 문제 삼는 대화는 이루어지고 있지 않다. 특히 황제였던 아우렐리우스는 논리학과 '작별하고' 윤리학만을 철학으로 받아들이고 있다.

세네카의 자연학에 대한 관심은 에픽테토스의 논리학에 대한 관심과 비교될 만하다. 그렇지만 에픽테토스 자신은 많은 대화에서 논리학의 용어들을 아무런 제한을 두지 않고 구사하고 있다. 이것은 이미 그의 청강자들이 어느 정도의 논리적 훈련을 거친 것으로 전제하고 자신의 이야기를 전개하는 것으로 이해될 수 있다. 실제로 그는 스토아적 논리를 그대로 사용하여 자신의 논의를 이끌어가기도 한다. 가령 『엥케이리디온』에서 그는 논리학적 용어를 사용하여 자신의 철학을 논의하고 있다. 철학에서 제일의 그리고 가장 필요한 주제는 철학적 원리들을 적용하는 것이다. 이를테면 그 주제는 거짓말을 하지 말아야 한다는 것이다.

두 번째는 논증들에 대한 것이다. 이를테면 '왜 거짓말을 하지 말아야만 하는가?'이다.

세 번째는 이것들로부터, 이를테면 '이것이 왜 논증인가'를 확증하고 명확히 드러내는 것이다. 왜냐하면 논증이 무엇인가, 논리적 결론이 무엇인가, 모순이 무엇인가, 참이란 무엇인가, 거짓이란 무엇인가를 보여주기 때문이다. 여기서 그는 자유롭게 '논증', '왜 논증인가', '확증하고 명확히 드러내는', '논증이 무엇인가', '논리적 결론', '모순', '참', '거짓'과 같은 기술적 · 논리적인 용어들을 구사하고 있다. 다른 대목에서는 다음과 같은 언급을 하고 있다. '만일 누군가가 보편적인 어떤 것이 참이라는 주장에 반대한다면, 그는 그 반대를 주장하는 것임에 분명하다. 즉 어떤 보편적인 것도 참이 아니라는 것을 주장하는 셈이다. 여기서 그는 암묵적으로 보편 명제를 형식화하는 스토아적 표준적 방법을 전제하고 있다. '모든 A는 B이다'를 '만일 어떤 것이 A이면, 그것은 B이다'로, 그리고 '모든 A는 (어떤 A도) B가 아니다'는 '만일 어떤 것이 A라면, 그것은 B가 아니다'로 재형식화될 수 있다. 그래서 그는 '만일 당신이 어떤 보편적 명제가 참이라는 것에 반대한다면, 당신은 그것에 의해 어떤 보편적 명제도 참이 아니라는 것을 긍정하는 것'으로 받아들인다. 이것은 다시 '만일 어떤 것이 보편적 명제라면 그것은 참이 아니다'라는 것을 긍정하는 셈이 된다.

우리는 그의 저작을 통하여 스토아적 논리학의 많은 잔존물들을 찾아볼 수 있지만, 그의 주된 관심은 논리학 자체는 아니었다. 논리학에 대한 스토아적 태도와 관심에 관한 한, 그는 논리학에 대한 지침서만을 전하고 있을 뿐이다. 이런 측면에서 에픽테토스는 '정통적' 스토아 철학에서 벗어나는 것으로 보이며, 철학에 대해 다소 다른 입장을 취하는 것으로 보이기도 한다. 어쨌거나 에픽테토스에게서 논리학자로서의 참모습을 찾아볼 수 있을지 하는 문제는 흥미로운 주제임이 틀림없다. 에픽테토스에게 있어서 논리학은 도덕적 관심이 적용되는 한에서만 그 가치를 가진다. 에픽테토스는 먼저 '논증해야만 한다'고 생각하고, 논리학을 '공부해야만 한다'고 생각한다. 그는 '만일 논증한다면, 잘 논증해야만 한다'고 생각한 것이 아니다. 그의 명령은 가언적(hypothetical)이 아니라, 정언적(categorical)이다. 그에게서 논리학을 해야만 하고 올바르게 논증해야만 한다는 '당위'의 의미는 참을 이야기해야만 하고, 부모를 공경해야만 한다는 의미에서의 '당위'와 같다. 한 논증이 옳다는 것은 도덕적으로 행위해야만 한다는 의미를 가진다. 이런 의미에서 그의 논리학적 관심 자체는 도덕적 문제일 수밖에 없다.

로마제국 스토아에 있어서 논리학의 몰락은 필연적으로 다가올 수밖에 없었다. 왜냐하면 철학은 결국 어떻게 살아야만 하는가 하는 '삶의 방식'(ars vitae)의 학문이 되어버렸기 때문이다. 철학자는 삶의 실천적 방법만을 권고하고 권면하는 사람으로 기대될 뿐이었다. 철학자들은 한낱 윤리학의 전도자로서 '선과 악', '인간에게 적절한 것'만을 가르칠 뿐이었다. 당시의 사람들은 철학을 '도덕적 실천적 교훈'을 알려주는 웅변가가 공개적으로 발표하는 것쯤으로 여겼던 것 같다. 그래서 철학은 곧 윤리학이었고, 이러한 도덕적 교리를 알리는 전도자가 곧 철학자였던 셈이다. 어쨌거나 이들에게서 우리는 '실천 철학'의 모델을 발견한다. 에픽테토스가 늘 염두에 두고 있는 철학의 모델은 소크라테스의 철학이고, 철학자를 언급하는 경우에 명시적으로 내놓는 철학자는 소크라테스이다.

그의 주된 철학적 관심에는 소크라테스의 특징적인 모습이 강하게 부각되어 전면에 나타난다. 『담화록』에는 소크라테스라는 이름이 50번 이상 나타나고 있다. 그의 철학적 목표는 스토아 철학에 기반을 두면서, 특히 초기 스토아의 크뤼시포스의 철학을 소개하고 가르치면서 일상인의 도덕적 성품을 바꾸는 철학적 훈련을 권면하는 것이었다. 주요한 언어적 개념에는 다소 차이를 가지지만, 그의 철학은 초기 스토아와 대체로 일치한다고 볼 수 있다. 에픽테토스의 철학적 경력이 윤리학에만 한정되지는 않는다. 잘 알려져 있다시피 스토아의 철학은 논리학, 자연학, 윤리학으로 구성된다. 후기의 마르쿠스 아우렐리우스가 논리학과 '안녕'을 고했다고 한다면, 에픽테토스는 여전히 스토아 논리학의 중요한 측면을 보존하고 있다고 볼 수 있다. 사실상 스토아의 논리학은 크뤼시포스의 논리학으로 대표될 수 있는데, 에픽테토스가 크뤼시포스의 철학을 가르쳤다는 사실은 아마도 그가 논리학에 대한 관심을 단지 배경으로 물리치지만은 않았다는 점을 보여주는 것으로 이해할 수 있을 것이다.

스토아 철학에서 논리학은 인식론적 의미와 도덕적 의미를 동시에 가지는 것이었다. 논증에 대한 연구는 일종의 정신적 훈련이었고, 잘 훈련된 정신은 세계에 관하여 올바른 인식을 배우기 위한 목적에 이바지하는 것이고, 한편으로는 잘 사는 것에 대한 배움을 위해 유용한 것이었다.

그의 『담화록』은 대화체 혹은 준대화체, 즉 독백의 형식을 띤 대목이 많아서 그의 철학적 방법을 결정하기란 그리 용이하지 않다. 그러나 그의 책에는 실천적 문제를 다루는 많은 대목에서 대화의 형식을 통하여 디오도로스 크로노스(Diodoros Kronos)의 '기발한 논변'(Master Argument), 가언 삼단논법 등을 비롯한 여러 측면의 논리적 문제들을 보고해 주고 있으며, 특별한 언급 없이 기술적인 논리적 언어들을 사용하고 있다. 초기 스토아가 인간의 도덕적 성품은 '자연적인 것'에 의존한다는 주장과 달리 그는 그 성품이 '타고난 것'임을 내세운다. 그는 행위자의 능력 안에 있는 것과 그 바깥에 있는 것을 대조하고 있는데, 자신의 능력 안에 있는 것들 예를 들어, 믿음, 계획, 외부적 사실을 받아들이는 우리의 자세, 결단은 '우리에게 달려 있는 것이지만', 우리에게 일어나는 사태들은 우리에게 달려 있는 것이 아니라는 주장을 편다. 이 점은 그를 도덕 결정론자로 이끈다.

그는 "우리에게 올바른 것으로 여겨지거나 혹은 여겨지지 않는 것들의 주재자는 우리 바깥에 있는 것들이 아니라 우리 자신"이라고 말하고 있다. 그래서 그는 개인적 · 도덕적 선택의 힘인 프로하

이레시스에 관심을 집중한다. 소크라테스의 입장을 따르는 에픽테토스는, 모든 인간이 행하는 행위는 자신이 좋은 것이라고 여기는 것에 따른다고 말한다. 따라서 한 개인의 행위의 잘못을 수정하는 방법은 감정에 호소하는 것이 아니라, 자신의 무지를 수정하는 교육밖에 없다는 점을 강조한다. 나아가 그는 신의 섭리를 받아들이고, 스토아의 우주적 신성인 '이성적인 것', 즉 '자연적인 것'을 자신의 의지와 조화시킬 필요성이 있다는 점을 지적한다.

### 플라톤의 철학을 실현하고자 했던 철인, 아우렐리우스

(Marcus Aurelius, 121~180)

로마는 조그만 도시국가가 아니라 지중해 연안을 황제가 통치하는 제국이었다. 로마가 단순히 힘만 센 국가였다면 이렇듯 오래 이어지지는 못했을 것이다. 황제이자 위대한 철학자였던 아우렐리우스가 바로 플라톤이 실현하려 했던 철인왕으로 존재하였기에 가능하였다. 로마는 그들의 제국을 명분과 도덕으로 정의와 존경, 그리고 권위를 세웠다. 그 중심은 바로 스토아 철학이었다. 역사상 스토아 철학만큼 당대 사람들의 지지를 받았던 이념은 드물다.

유명한 스토아 철학자 중에는 에픽테토스 같은 노예 출신도 있었고 세네카 같은 정치인도 있었으며, 아우렐리우스(Marcus Aurelius, 121~180) 같은 황제도 있었다. 노예에서 황제에 이르기까지 제국의 모든 사람들을 하나로 묶었던 스토아 철학은 로마를 진정한 강자로 만든 숨은 힘이었다. 그 가운데서 찬란하게 대로마제국을 이끈 사람 중의 하나가 아우렐리우스였다.

마르쿠스 아우렐리우스는 121년, 제국의 수도 로마에서 태어났다. 그의 할아버지가 로마의 최고 관직인 콘술(집정관)을 3번이나 연임했었고 프라이펙투스(장관)로 재직하고 있었다. 이것은 원로원에 들 수 있는 특권을 뜻하는 명예로운 직책이었다.

어린 마르쿠스가 장차 특출한 정치적 인물이 되리라는 것은 의심의 여지가 없었다. 황제 하드리아누스는 아우렐리우스를 교육하는 데 특별한 관심을 기울였다. 그는 아우렐리우스가 최고의 선생에게 교육을 받도록 배려했다. 그 결과 그를 가르쳤던 스승만도 17명이나 되었다고 한다. 어느 사회에나 사회 지도층이 되기 위한 엘리트 코스가 있게 마련이다. 아우렐리우스는 엘리트 코스를 충실하게 밟아 나갔다. 어려서부터 공직에 올라, 재무관, 집정관, 호민관, 원로원 의원 순서로 출세 가도를 순조롭게 달렸다. 물론, 황제의 배려가 없었다면 불가능한 출세 속도였다.

그러나 아우렐리우스가 하드리아누스 다음의 황제가 되기에는 너무 어렸다. 꼭 이 때문만은 아니었겠지만 이 황제는 후계자로 52세의 안토니누스를 지명하고 그를 양아들로 받아들였다. 단, 안토니누스가 아우렐리우스를 양자로 들이는 조건에서였다. 이로써 조금 해괴한 가족이 생겨났다. 할아버지와 아버지는 나이 차가 열 살밖에 안 났다. 또한, 새 아버지는 새롭게 얻은 아우렐리우스가 마음에 들어서 할아버지가 맺어준 약혼을 깨고 자신의 딸과 결혼시켜 버렸다.

가족의 모양새는 조금 해괴했어도, 이 가족을 구성한 하드리아누스의 선택은 정치적으로 정확하고 올바른 것이었다. 그의 뒤를 이은 안토니누스는 훌륭하고 뛰어난 황제였다. 그가 다스리던 시대는 알려진 것이 많지 않은데, 그 이유는 이 시기의 로마가 대단히 안정되고 평화로웠기 때문이었다. 사람들은 그를 '안토니누스 피우스(Antoninus Pius)'라고 불렀다. '경건한 안토니누스'라는 뜻이다. 그는 경건이 별명이 될 정도로 도덕적인 사람이었고, 또한 이성적인 삶을 강조했다는 점에서 스토아 철학의 가르침에도 충실했다.

이에 영향을 받은 건지 아우렐리우스는 주로 철학에서 지적 흥미와 정신의 영양분을 구했다. 스토아 철학에서 지나친 욕심과 쾌락 추구는 결국 고통으로 이어진다고 본다. 따라서 어떠한 유혹에도 마음이 흔들리지 않는 부동심을 강조한다. 십대 무렵부터 깨달은 바가 있어 따뜻한 침대를 버리고 항상 차가운 바닥에서 잠을 잤고, 최고의 오락거리였던 검투사 시합과 마차 경기도 멀리했다. 이에 황제는 그를 무척이나 귀여워하여 '베르시무스(Versimus)'라는 별명으로 부르곤 했다. 뜻을 풀이하면 '정말 진국인 아이'였다.

## 로마 황제 시기

마르쿠스가 황제에 즉위하는 과정은 순탄했다. 그는 이미 합법적 권력을 소유하고 있었기 때문에 자동적으로 완전한 황제자리에 올

랐다.(이때부터 그의 이름은 카이사르 마르쿠스 아우렐리우스 안토니누스 아우구스투스 황제가 됨)

161년, 안토니누스 피우스 황제가 숨을 거두고 마흔 살의 아우렐리우스가 그 뒤를 이어 로마 황제에 즉위했다. 그러나 겉모습은 평화로울 뿐 로마는 서서히 무너져 가고 있었다. 빈부 차이가 심해졌고, 세금과 착취를 견디다 못한 중소 농민들이 토지를 버리고 수도 로마로 몰려들었다. 이에 여러 가지 사회문제가 일어났고, 모두의 불만을 안정시키지도 못한 채, 겨우 무료 식량이나 볼거리 등을 내어 안정시켰다. 아우렐리우스는 뛰어난 행정능력으로 위태로운 로마를 이끌어 나갔다.

162년, '전통적인 라이벌' 파르티아가 로마의 시리아 지역을 침략했다. 162~166년의 이 전쟁은 황제 휘하의 유명한 가이우스 아비디우스 카시우스 장군이 결정적인 공을 세워 아르메니아와 메소포타미아를 확보하면서 승리하였다. 그러나 이 전쟁은 예상치 못한 재앙을 가져왔다. 전쟁에서 돌아온 군대가 정복한 지방에서 유행하는 전염병 '페스트'를 가져온 것이었다. 수년 동안 로마제국 전역을 휩쓸었으며, 큰 홍수가 거듭 일어나 로마 시민들에게 재앙이었다. 또, 166년 게르만족의 침입이 일어나 아우렐리우스가 모든 사태를 수습하느라 고생이었다.

아우렐리우스는 전쟁 가운데에서도 과연 철학자였다. 그의 명작 『명상록』은 반란과 침략을 막기 위해 분주하게 돌아다니던 시절에 군대 막사와 전쟁터에서 쓴 것이다. 이 책에는 '나 자신을 훈계함'

이라는 제목이 붙어 있다. 누구에게 보여주기 위해 쓴 책이 아니라 스스로에게 주는 가르침이라는 뜻이다. 잔인하고 황량한 전쟁터에서도 아우렐리우스는 끊임없이 이성을 일깨우고 마음의 고요를 찾는 철학자의 모습을 잃지 않았다. 『명상록』 곳곳에는 그의 인간적인 번민과 철학적 사색이 잘 나타나 있다.

"이 세계는 우주에 비하면 미세한 점에 불과하고, 인간의 삶도 찰나일 뿐이다. (……) 인생은 투쟁이고 세계는 낯선 이를 위한 임시 수용소일 뿐이며, 죽음 뒤에 얻은 명성은 허무하다. 그런 우리에게 유일한 버팀목은 철학뿐이다. 철학은 우리 자신 속에 거룩한 정신이 고스란히 보존되어 있다고 가르치고 있고 우리가 당하는 모든 일은 악이 아니라 우리의 운명일 뿐이라고 말해준다. (……) 우주적 이성에 따라 일어나는 일은 결코 나쁜 일일 리가 없다."

167년 or 168년, 아우렐리우스는 도나우강을 건너 게르만족 정벌에 나섰다. 그러나 그들의 등 뒤에서 게르만 유목민족이 이탈리아를 침입하여 아드리아해의 요충지였던 아퀼레이아를 점령했다. 또, 계속되는 전쟁과 자연재해로 로마의 재정상태는 점점 어려워져만 갔다. 군대를 재편성하기 위한 절망적인 조치들이 취해졌으며, 자금을 조달하기 위해 제국의 재산이 경매되었다.(황제가 가지고 있던 보석부터 일상에서 쓰던 가구까지 모두 거리에 내놓고 팔기 시작함) 그리고 고생 끝에 아우렐리우스는 게르만족을 물리치는 데 성공하였다.

그는 AD 180년, 아우렐리우스에게 도나우강의 국경을 게르만족이 넘어왔다는 소식을 들었다. 그는 그들이 약탈을 위해서가 아닌 또 다른 민족의 공격에 밀려서임을 알았다. 그래서 이들을 로마 국경 안에 정착시키고 질병으로 인구가 줄어든 제국의 새로운 노동력으로 삼는 정책을 꾸준히 펼쳤다. 나아가 아우렐리우스는 더 이상 게르만 문제로 골머리를 썩이지 않도록 도나우강 너머까지 영토를 넓히기 위해 싸운 끝에 도나우강 건너 부족들을 평정할 수 있었다. 그러나 황제 아우렐리우스는 도나우강 주변을 평정하고 돌아오는 길에 페스트로 쓰러지고 말았다.

죽음의 순간에도 아우렐리우스는 스토아 철학자였다. 『명상록』에 나오는 한 구절은 그의 죽음에 대한 태도를 잘 보여준다.

"이제 헤어지는 마당에 남은 사람들을 고약하게 대하지 마라. (……) 그대의 가족과도 격렬한 감정에 휩싸이지 말고 부드럽게 이별하라. 자연(우주적 이성)이 그들을 그대와 결합시켰듯이 이제 자연이 다시 그대를 그들과 떼어 놓고 있을 뿐이다. 이 모든 것은 아주 자연스러운 과정일 따름이다."

또한 "죽음은 출생과도 같은 것이며, 자연의 신비다. 출생이 여러 요소의 결합이라면, 죽음은 바로 해체다. 조금도 곤욕스러워할 일이 아니다." 그가 말한 대로 "죽어서는 알렉산드로스 대왕이나 그의 노새 마부나 같은 처지"라고 말한 것처럼 철학적인 삶을 살려고 노력하였다.

이처럼 황제 아우렐리우스는 세상일이 모두 우주적 이성, 로고스(Logos)에 따라 결정되어 있다는 스토아학파의 철학자였다. 그는 로마가 안팎으로 어려운 시기에도 부동심을 찾으려 노력하면서 관용의 태도로 통치하였다. 그의 삶은 철학적 반성을 거듭하였고 이는 아우렐리우스의 책 『명상록』에 나타난다.

## 2. 죽음은 만나지 않는다, 즐겨라. [에피쿠로스학파]

스토아학파와 동시대에 걸쳐 있으며 또 동일한 문제를 대하면서도 서로 반대되는 입장에 선 것이 에피쿠로스학파이다. 스토아학파는 이성과 실천적 지혜를 강조한 반면에 인간의 행복은 쾌락에 있다는 점이다. 이 학파의 창시자는 에피쿠로스(BC 341~BC 270)로서 그는 사모아섬에서 출생하여 후에 아테네에 와서 그곳에서 교수하였다. 그 인물이 온후하여 많은 사람들의 존경을 받았고, 또 그의 철학은 실용을 위주로 하고 교수방법이 학술적 수련이 없는 사람들도 알아들을 수 있었기 때문에 부녀자들까지도 그 門下(문하)에 모여들었다고 한다. 따라서 학습의 장소가 아테네 도시 외곽의 정원에 설립하였다고 해서 정원학파라고도 칭한다.

에피쿠로스학파는 스토아학파와 달리, 그 학설 창시자에 의하여 완성되고 그의 학도들은 다만 창시자의 사상을 전파하는 데 그쳤다. 로마의 유명한 시인 루크레티우스(BC 96~BC 55)도 이 학파에 속하였고 그의 시는 당시 로마사회를 크게 하였다. 즉 처세술이라는 것이다. 그는 학문이건 도덕이건 모두가 그 자체에 목적이 있는 것이 아니라, 다만 쾌락이라는 목적을 위한 수단에 불과하다고 했다. 쾌락을 지고의 선으로 삼는 그는 쾌락이란 욕망을 충족시킴으로써 얻을 수 있는 적극적인 쾌락이 있기는 하지만, 쾌락이 생애의 지상과업이 될 때에는 다소의 선택을 하지 않을 수 없다. 그러므로 현명한 쾌락주의자들은 무작정 모든 쾌락을 취하여 도리어 부작용으로 나타나는 고통에 빠지지 않고 지각에 의해서 쾌락과 고통을 비교, 선택하여 영속적인 쾌락을 취할 수밖에 없다. 또한 진정한 쾌락주의자의 궁극적 목적은 마음을 흔들리게 하는 적극적 쾌락을 취하는 것보다 오히려 마음이 안정된 無慾(무욕)의 상태에 있다고 하겠다. 마음의 이러한 상태를 에피쿠로스는 아타락시아라고 불렀다.

이와 같이 진정한 쾌락은 오로지 내면적인 마음상태에 있는 것이기 때문에 육체적인 쾌락은 다만 현재만 있을 따름이므로 일시적인 것이나 정신적인 쾌락에는 과거와 미래도 있는 것이기 때문에 그 强度(강도) 또한 육체적 쾌락보다 강하다. 또 육체적 고통은 정신력으로 억압할 수 있다. 에피쿠로스는 "나에게 빵과 물만 있다면 나의 행복은 신의 그것과 겨누리라"고 말했다. 에피쿠로스의 쾌락주의는 철저한 개인주의여서 스토아학파에서와 같은 의무감이나 책임감 또 보편적 법칙에 대한 존중 같은 것은 찾아볼 수 없다.

에피쿠로스는 학문이나 도덕 할 것 없이 개인의 쾌락에 이바지하지 못하는 한 無用(무용)의 것이라고 보았기 때문에, 자연계에 대한 연구는 헛된 망상과 미신을 타파함으로써 헛된 공포와 번뇌를 없애주는 한에 있어서만 유용하다고 보았다. 이러한 입장에서 에피쿠로스는 데모크리토스의 물리설이 원자론 목적에 적합한 것으로 보아 채택하였다. 존재는 오직 허공과 그 속에서 운동하는 원자뿐이고 만물은 예외 없이 원자가 뭉쳤다 흩어졌다 하는 데에 따라서 생성·소멸되기 때문에 세계에는 불가사의한 요괴 같은 것이 있을 수 없다.

에피쿠로스학파가 원자론을 취함으로써 철저한 기계론을 주장한 점은 스토아학파가 유물론을 주장하면서도 정신적 원리를 허용하여 목적론을 주장한 것과는 반대된다. 인간의 영혼은 불의 원자로 되어 있는 뜨거운 숨결(호흡)에 지나지 않는다. 죽음이란 이 원자가 흩어져버리기 때문에 육체가 죽은 뒤에 영혼이 남아 내세에서 산다는 것은 생각할 수 없고 우리는 사후 어떤 벌을 받을까 두려워할 필요가 없다. 다른 면에서 생각해 본다면 우리는 죽음과 전연 관계가 없다. 우리는 죽음과 부딪히는 일이 없기 때문이다. 왜냐하면 우리가 살아 있는 동안에는 죽음은 없는 것이며, 또 죽음이 올 때는 우리는 이미 살아 있지 않기 때문이다.

에피쿠로스학파에서는 "신은 있기는 하나 그 신은 인간에 대해서 아무 관심도 없고 신의 황금의 궁전 위에는 잔 비늘구름이 떠 있다."고 했고 신은 창조주가 아니고 인간과 같은 자연의 소산으로서 지상의 행복을 누리는 존재이기 때문에 그를 예배할 필요는 전연 없다고 했다. 지각은 외물의 형상이 감관기관을 통해 들어와 영혼의 원자에 부딪쳐 운동을 일으킴으로써 일어난다. 상상 또한 지각과 마찬가지의 것으로 외물과 관계없이 생겨나는 것이 아니다. 기억은 전에 일어났던 영혼원자의 운동이 다시 일어나기 때문에 생겨나는 것이다.

또 관념은 감각이 반복해서 일어나고 기억에 의해서 축적된 것을 우리가 이름을 붙여 부르곤 하는 것에 지나지 않는다. 그러므로 眞理(진리)의 표준은 감각에서 찾을 수밖에 없다. 에피쿠로스학파의 감각적 경험론은 스토아학파의 그것보다 단순하고 명료하다. 에피쿠로스는 의지란 영혼원자의 운동이 신체에 전달될 때 일어난다고 했다. 에피쿠로스는 모든 심리작용을 유물론적으로 설명하였으나, 의지의 자유만은 철저히 주장했다.

이것은 에피쿠로스가 데모크리토스의 원자론을 약간 수정해서 원자들이 허공 속에서 수직으로 하락운동을 할 때 그 속도에는 차이가 없을 터, 원자 간에는 충돌이 일어날 리 없다고 보아 충돌이 일어나기 위해서 각 원자는 제멋대로 조금씩 가속할 수 있다고 보지 않으면 안 된다고 생각한 점과 관련이 있다.

이를 정리하면 다음과 같다.

첫째, 인생은 행복을 추구한다는 점이다. 스토아학파는 덕을 실현할 때가 행복이라면, 인간은 쾌락을 가진다면 행복이라는 것이다. 따라서 우리에게 쾌락을 가져온다면 그것이 행복이 되며 선한 것이며 반대가 된다면 불행하고 악이 된다는 것이다. 따라서 인간은 고통을 피하고 쾌락을 즐기라는 것이다.

그러나 감각적이고 본능적인 쾌락만을 이야기한 것은 아니라는 것이다. 무조건적인 쾌락을 택한다는 것은 아니다. 흔히 쾌락이라는 오해 때문에 이 학파를 '학문을 등한시하고 게으르고 돼지 같다.'고 후대 철학자들이 비판하는 것은 이와 같은 연유일 것이다.

과연 진정 무엇이 쾌락을 가져오느냐라는 것이다. 다시 말하면 쾌락의 질이 다르다는 것이다. 진정한 쾌락은 무엇인가? 음주가무인가? 섹스인가? 마약인가? 이것처럼 육체적 욕망을 채워주는 것인 진정한 쾌락이라는 것일까? 우리는 반문하게 된다. 쾌락에는 두 가지가 있는데 하나는 위에서 말하는 육체적 욕망을 채워주는 것을 말하며 다른 하나는 정신적 욕구를 채워주는 음악, 미술, 학문 등이 있다는 것이다.

에피쿠로스학파는 강하지만 짧은 쾌락이 아니라 약하지만 지속적인 쾌락인 정신적 쾌락을 요구하는 것이다. 따라서 우리는 쾌락의 양을 늘리고 고통의 양을 줄이는 정신적 쾌락을 선택할 필요가 있다는 것이다. 이러한 것은 훈련과 교육을 통하여 이러한 경지에 도달해야 하며 이러한 경지를 아타락시아(ataraxia)라고 하며, 즉 죽음이나 사후의 운명에서 벗어나 안정된 마음을 갖는 상태를 말한다.

둘째로 국가는 개인을 위한 수단일 뿐이라는 것이다. 다시 말하면 국가는 개인의 편리함 때문에 이루어졌으므로 국가가 우선되는 것보다 개인의 쾌락이 우선이고 국가는 나중이라는 것이다. 개인이 국가 위에 있다는 것이다. 단지 국가는 개인의 삶을 보장하기 위하여 생겨난 수단에 불과하다는 것이다. 국가로부터 벗어나 정치에 참여할 생각도 하지 말며, 사랑도 가정도 갖지 말며 개인의 쾌락에 충실하자는 것이다.

세 번째는 위에서 말한 원자론에 입각하여 우리는 죽음과는 결코 만날 수도 없는 존재이므로 살아 있는 한 즐기라는 것이다. 그에 의하면 신이 존재하거나 존재하지도 않는다는 것이다. 또한 우리가 믿고 있는 미신, 망상의 공포심으로부터 벗어나야 하며 또한 사후세계는 존재하지 않는다는 것이다. 이러한 것들로부터 빨리 벗어나 평정심을 유지하며 살아가야 한다는 것이다.

### 하루에 두 번 토한 에피쿠로스(Epicouros, BC 341~BC 270)

방탕한 생활을 일삼는 에피쿠로스는 스토아학파들의 사냥감이 되었다. 스토아학파들이 그를 비방한 글을 보면 "그는 사치로운 생활 때문에 너무 많이 먹어 하루에 두 번 토했으며, 많은 창녀들에게 편지를 썼으며, 여러 창녀와 함께 살았다"고 할 정도로 표적이 되었다. 그는 육체적 쾌락이 정신적인 쾌락에 못지않다고 주장한 인물이다. 그는 "나는 맛의 즐거움, 사랑의 쾌락, 듣는 즐거움, 아름다운 모습을 보아서 생기는 즐거운 감정들을 제외하면 선(agahton)은 무엇이라고 할지 모르겠다."라고 생각할 정도로 쾌락을 중시했다.

그러나 그것은 오해였거나 그를 미워하는 스토아학파들의 시기였다. 실제로 그의 삶은 방탕한 것과는 거리를 두었으며 그는 술을 먹을 때도 숙취를 피하기 위해 많은 양을 먹지 않았고 술 대신 물을 택하기도 했다고 기록되어 있다. 이로 볼 때 지나친 쾌락이 오히려 고통을 가져온다고 생각하였으며 제자들에게도 경고할 정도로 양을 조절한 인물이다. 또한 소박하고 단순한 삶을 선택하였으나 놀 때는 놀고 경건한 삶을 살 때는 사는 실천적인 사람이었다.

그는 오랜 외국생활에서 돌아와 아테네에 와서 80미나(Mina)를 주고 집 한 채와 정원을 사서 공동체생활을 하였다. 거기에서 에피쿠로스학파를 정원학파라 불렀으며 그 구성원들 중에는 노예, 창녀 등 여러 부류의 사람들이 있었다. 이것을 보고 스토아학파들이 그들을 비방하고 탄핵하였던 것이다.

그의 윤리학의 관심은 어떻게 하면 아타락시아(ataraxia)를 가질 수 있는가?에 초점이 있다. 이에 대하여 그는 고통을 가져오는 욕구를 다스리는 데 있으며 그러한 것에는 세 가지가 있는데 첫 번째는 자연적으로 필요한 것이고(의, 식, 주), 두 번째는 자연적이지만 필요하지 않는 것이며(좋은 요리나 술을 먹는 것), 세 번째는 자연적이면서도 꼭 필요하지도 않는 욕구(명품이나 사치품)이다. 그에 따르면 첫 번째는 어렵지 않게 채울 수가 있으나 두세 번째를 채우려면 만족보다 고통이 따른다는 것이다. 그는 "어떤 사람을 부유하게 하려면 더 많은 재물을 주기보다는 그의 욕심을 줄여주어라"고 했다.

## 3. 모든 사물에 대해 긍정도 부정도 마라. [회의학파]

키니코스학파의 사상이 스토아학파에 의해 재생되고 키레네학파의 사상이 에피쿠로스학파에 의하여 재생되었음은 이미 본 바와 같이 키니코스, 키레네 양 학파의 기원과 밀접한 관계가 있다고 생각되는 소피스트의 사상은 지금부터 말하고자 하는 회의학파에 의해서 재생되었다. 이 시대의 회의학파의 거두는 피론(360~270 BC)이다. 그는 저서가 없으므로 그의 수제자 티몬(320~230 BC)의 철학자를 비웃는 "실롤리(Silloi)"라는 시를 통하여 피론의 사상을 알 수 있다. 피론의 회의론은 프로타고라스의 그것과 같이 그 핵심은 우리의 지각이 외물의 진상을 보여주는 것이 아니라는 점에 있다. 그러므로 어느 시대 어느 장소에 있는 어느 누구를 막론하고 승인하지 않을 수 없는 진리, 즉 보편타당한 진리란 있을 수 없다는 것이다. 우리는 여하한 사물에 대해서도 이러쿵저러쿵 단언할 수 없고 다만 우리에게는 이러이러하게 보인다고 말할 수 있을 따름이다.

이러한 전제 밑에서 그들은 인간이 행복할 수 있는 길을 제시하였다. 행복의 추구는 스토아학파나 에피쿠로스학파 또 회의학파를 막론하고 이 시대 철학에 공통되는 중심과제였다. 그런데 회의학파에서는 사물의 진리, 사물에 대한 우리의 태도, 그 태도의 결과를 명백히 알아야만 행복할 수 있다고 했다. 위에서 말한 바와 같이 사물의 진상은 도저히 알 수 없는 것이다. 사물에 대한 우리의 태도로는 사물에 대해 이러쿵저러쿵 판단을 내리지 않는 태도를 취함이 옳을 것임은 물론이다. 즉 일체의 판단을 중지해야 하는 것이다. 이러한 상태를 피론은 에포케(epoche, 판단을 보류)라 주장했다. 그러면 이렇게 판단을 중지함으로써 얻을 수 있는 소득은 무엇인가? 우리는 사물에 대해서 어떤 판단을 내리게 될 때 그 사물을 좋아하거나 싫어하거나 하여 마음의 동요를 일으키게 한다. 이와는 달리 일체의 판단을 중지해 버리면 모든 사물에 대해서 무관심할 수가 있다. 이때 모든 사물은 스토아학파에서 말하는 아디아포라적인 것이 되어 에피쿠로스학파의 아타락시아를 얻을 수 있는 것이다. 판단 중지를 주장한 피론에 관해서는 다음과 같은 에피소드가 전해지고 있다.

그가 젊었을 때 어느 날 오후에 산책을 하다가 자기 선생님이 개천 속에 거꾸로 빠져서 헤어나지 못하는 것을 보았다. 그 광경을 보자 피론은 잠시 생각하다가 그 노인을 구출해 주는 것이 좋을지 어떨지를 판단할 수 없다고 생각되어 그냥 지나가버렸다는 것이다. 이 장면을 본 사람들이 피론의 냉혹한 처사에 분개하면서 달려와 그 선생을 구해냈더니 선생은 피론이 자기의 가르침에 충실하여 행동으로까지 나타냈다며 칭찬하였다고 한다. 이러한 피론의 회의설이 카르네아데스에 이르러서는 신이나 진리에 관해서 확정적인 이론을 내세워 논쟁을 일삼는다는 것은 불가능하고 무용한 일이나 실제로 생존하고 행동하기 위해서는 아마 그럴 것이다 하는 정도의 판단, 즉 개연적 판단은 필요하다고 주장하게 되었다.

또 아이네스데모스는 모든 판단은 물론 자신은 무지하다는 판단조차도 중지하되 세상을 살아가는 데 행동이 없을 수 없으니 그런 경우에는 관습에 따라 또 자기의 생각과 욕망에 따라 행동할 수밖에 없다고 주장했다. 피론은 회의설을 10개 조목으로 요약해 발표했다고 하는데 그 10개 조목이 후에 5개 조목으로 다시 요약되었다. 요점은 다음과 같다. "지각이란 상대적인 것이며 사람에 따라서 그 의견이 다르고 어느 것이 옳다 그르다는 논증은 불가능하다는 데 歸着(귀착)된다."

## 4. 신앙은 지혜를 낳고 지혜는 덕을 낳는다. [알렉산드리아학파]

알렉산드리아(Alexandria)학파의 대표적 철학자는 필론(25 BC~50 AD)이다. 필론은 알렉산드리아 태생의 유대인으로서 플라톤과 스토아학파의 영향을 많이 받아 유대교의 경신사상을 중심으로 일종의 헬레니즘적 경건을 강조한 사람이다. 필론철학의 중심사상은 신이다. 그의 신은 세계의 창조주요 생명의 원인으로서 절대적이요 초월적인 존재이니 우리는 이 절대자·초월자에 관해서 여러 가지로 생각할 수는 있으나 신이 어떻다는 것은 알 수도 없고 형용할 수도 없다. 이 신이 곧 여호와 신이다. 그런데 여호와는 세계를 초월하고 있으면서도 이 세계 만물의 근원이다. 그러면 세계를 초월하고 있는 신이 어떻게 만물의 근원이 될 수 있겠는가? 이것을 설명하기 위하여 필론은 매개자를 내세워, 그것은 곧 신적인 힘이라고 했다. 그런데 이 신적인 힘 전체를 자기 안에서 통일시키는 것이 로고스다. 그런즉, 영적인 신과 물질세계와의 매개자는 로고스인 것이다.

필론은 로고스를 신의 대표자, 신의 사자, 신의 지혜, 창조의 기관, 신의 장자, 또는 제2의 신이라고 불렀다. 지극히 선하고 초월자인 신은 로고스를 매개로 하여 이 세계를 창조하였는데 그러면 아름다운 신이 창조한 세계에 추악한 것이 있음은 어찌된 일인가? 이 점을 설명하기 위해서 필론은 신과 대립되는 물질을 내세웠다. 신은 로고스를 통해 혼탁한 상태에 있던 물질로서 천지만물을 창조한 것이다. 그러므로 세계에는 시초는 있으나 종말은 없다. 그리고 이 세계에 악하고 추한 것이 있음은 신에게서부터 온 것이 아니라 물질에서 온 것이다. 필론은 이 세계를 신과 물질이란 두 가지 원리에 의해서 설명하여 이원론적 입장을 취하였다.

신과 물질의 대립은 인간에게서는 영과 육의 대립으로 나타난다. 인간의 영혼은 타락하여 육체에 깃들게 된다. 그러므로 육체는 영혼의 무덤이다. 육체를 사랑하는 것이 곧 죄악이요 인간은 육체를 지니고 있기 때문에 죄악으로 향하는 경향이 있다. 육신의 욕망을 떠나서 정결한 생활을 하는 것이 인간의 이성인데 그것을 위해서는 신에 대한 신앙이 필요하다. 신앙은 지혜를 낳고 지혜는 덕을 낳는 것이다. 인간이 도달할 수 있는 최고 상태는 육신을 초월하여 영혼이 직접 신과 합일하는 데 있다. 우리가 진리를 인식하고 덕을 닦고 정결한 생활을 하는 것도 좋은 일이긴 하나 그 모두가 이 상태에 비하면 그 전 단계에 지나지 않는다. 필론은 이렇게 자기 자신에서 벗어나 신과 접하는 것을 엑스터시스(Ekstasis: 무아경)라고 불렀다.

## 5. 플라톤을 사랑한 자들 [신플라톤학파]

신플라톤학파는 그리스철학의 사상을 바탕으로 종교적 철학의 체계를 세우려고 했다. 인도사상의 영향도 적지 않았을 것으로 생각된다. 원래 그리스철학은 종교와는 대립적 관계에 있기 때문에 철학의 융성과 종교의 쇠퇴는 일치했다. 신플라톤학파는 철학적 기반에 선 종교를 세우는 것을 목표로 삼았다.

플로티노스(204~269)는 신플라톤학파의 대표자이다. 플로티노스는 애굽에서 출생하여 학문과 종교에 관해 연구하기 위하여 동방에서 유학하고 후에 로마에 자리 잡고 교육에 종사했다. 그는 플라톤을 매우 존경하여 그의 사상에 영향을 많이 받았다. 그의 철학은 플라톤과 또 아리스토텔레스, 스토아학파의 영향도 받아 마치 그리스철학 전부를 종합한 것 같다. 박학과 독창을 겸비한 점에 있어서 플로티노스는 플라톤, 아리스토텔레스에 다음간다고 한다. 플로티노스는 필론의 문제를 계승하여 만물을 초월한 신으로부터 어떻게 이 세계가 생성되었는가 하는 점을 해결해 주고 있다. 이미 플라톤이나 아리스토텔레스 또 신피타고라스학파나 필론에게서 볼 수 있는 이원론을 피하고 이 문제를 해결하려 하였다.

그는 신을 太(태: 클)原(원: 근원) 또는 一者(일자: 한 사람)라고 불렀다. 일자로부터 만물이 어떻게 생성되는가를 구명하는 동시에 또 우리는 어떻게 하여야 일자에게로 되돌아가서 그와 합일함으로써 최고로 행복한 상태에 들어갈 수 있는가를 밝히는 것이 그의 철학의 임무라고 생각했다. 流出說(유출설)은 만물의 太(태)原(원)인 신, 즉 일자는 무한하고 형태가 없고 여하한 성질도 붙일 수 없어 모든 대립과 차별을 초월한 유일 절대의 실존이다. 세계 만물은 마치 영원히 마르지 않는 샘터에서 끊임없이 물이 흘러나오듯 또 영원히 빛을 발하는 태양에서 광선이 흘러나오듯이 일자로부터 유출되는 것이다. 그렇다고 존재와 자기충족의 창조자인 一者(일자)가 감소된다거나 하는 일은 없다.

일자는 변함없이 일자로서 원만하고 증감이 없고 늘 충족한 채로 있는 것이다. 일자로부터의 유출은 3단계로 나누어진다. 일자로부터 제일 먼저 유출되는 것이 누스(정신 · 사유)이다. 정신이요 사유인 누스(Nous)에서 벌써 주관과 객관, 즉 사유와 존재로 나누어지는데 그러면서도 양자는 하나로서 누스의 사유대상은 그 자신과 또 그의 根源(근원)인 一者(일자) 플라톤이 말하는 이데아계이다. 다음에 일자로부터 유출되는 것은 프시케(영혼)이다. 플로티노스는 이 프시케를 상위의 프시케와 하위의 프시케로 나누었는데 상위의 것은 자각이 있고 이성이 있어 활동하는 것이고 하위의 것은 형체적인 것과 결부되어 그것에 속박되어 있다.

그는 우주 전체에 편재하고 있는 프시케가 있다고 보아 이것을 “세계영혼”이라고 불렀다. 하위세계 영혼의 형체와 결부된 세계영혼이 곧 자연이다. 인간에게 있어 상위영혼은 육체와 결부되지 않은 불멸의 것이고 하위의 것은 육체의 生氣(생기)이다. 누스와 프시케까지는 아직 형이상학적인 것이나 다음 마지막 단계로 유출되는 것은 형이하학적인 물질은 위에서 말한 바와 마찬가지로 플로티노스는 이원론을 피하고자 하여 물질은 유출의 극한으로서 소극적인 비실재라고 보고 일자와 대립되는 것은 아니라고 했다. 그것은 마치 빛이 태양으로부터 유출되어 점차 멀어지는 면은 어두워 가다가 드디어는 빛과 반사되는 암흑으로 되는 것과 마찬가지라는 것이다. 이렇게 플로티노스는 일자로부터 유출에 정연한 단계를 둠으로써 일원론을 유지하려고 했던 것이다. 윤리설에서 악의 근원은 물질이다. 그러므로 인간이 물질, 즉 육체에 속박된 상태로부터 벗어나 합일되는 상태인 엑스터시스(Ekstasis: 무아경)에 이르는 것이 최고 목표이다.

플로티노스는 엑스터시스에 이르는 4단계를 구별했다. 첫째, 5관의 지각 둘째, 논리적 사고 셋째, 미에 대한 사랑 넷째, 미에 나타난 이상을 추구하여 형체의 속박으로부터 벗어나는 단계이다. 그러므로 플로티노스는 모든 문화활동은 영혼의 정결에 기여하여 엑스터시스에 이르게 하는 종교적 의의를 지니고 있다고 보았다. 플로티노스 자신도 엑스터시스의 경지를 여러 번 체험했다고 하며 서양 신비주의의 시조라고 일컬어지고 있다. 플로티노스는 물질이 악의 근원이라고 보기는 하였으나 그리스인인 그는 물질계, 즉 자연계를 전적으로 악한 것으로 보아 넘기지는 않았다.

물질계는 비실재계로서 이상의 실현을 방해하는 것이 사실이긴 하지만 그러면서도 그 속에 이상이 깃들어 있기 때문에 자연은 아름답다는 것이다. 그는 미란 이상이 감각의 대상인 자연계에 깃들어 있음으로써 나타나는 것이라고 보았다. 이리하여 플로티노스는 세계의 불완전성과 醜惡性(추악성)을 역설하면서도 自然美(자연미)와 藝術美(예술미)를 깊이 이해한 최초의 사상가로 지목되고 그의 美學(미학)이론은 르네상스 藝術(예술)의 원동력이 되었다.

제7장

# 중세철학

1. 기독교의 성립과 발전 과정
2. 예수의 사상
3. 중세의 철학사상

고대, 중세로
떠나는
서양철학사

## 제7장

# 중세철학

로마제국은 서기 395년 동로마(395~1453)와 서로마(395~476)로 분열되었다. 서로마제국은 476년 게르만족에게 멸망되고 동로마제국은 오스만투르크 민족에게 멸망할 때까지의 약 1000여 년간을 중세(Middle Age)라고 부른다. 정확히 말하자면 르네상스운동이 일어나기 시작한 15세기 직전까지를 말한다. 서양사에서 중세란 AD 476년 서로마제국이 멸망한 이후 동로마가 오스만제국(지금의 터키)에 의해 수도 콘스탄티노플이 함락된 1453년까지의 1000년을 말한다는 것이다.

중세(Middle Ages)라는 용어는 르네상스의 지식인들이 고대와 그들 사이에 끼어 있는 암흑과 야만의 중간시대를 칭한다는 것이다. 그러나 중세 초의 암흑과 비문화의 시기는 6~10세기에 국한되고 13세기를 전후하여 독특하고 우수한 중세문화가 형성된 시기라 할 수 있다. 여하튼 일반 역사학자든, 철학자든 이 시기는 학문, 예술, 문화, 정치 등 모든 분야에서 침묵한 시기로 어두운 시기로 규정되었다고 해서 암흑시대라 칭한다는 것이다.

지중해 세계의 통합된 정치세력으로서의 서로마가 멸망한 후, 중세문화는 서유럽은 로마 가톨릭에, 비잔틴은 그리스정교에, 사라센은 이슬람교를 근간으로 독특한 문화를 형성한 시기였다. 그중 서유럽은 가톨릭의 문화를 중심으로 고대문화, 게르만 문화와 융합하여 이루어진 독특한 문화를 이루었다.

중세는 고대 그리스나 로마의 문화와는 전혀 다르다. 왜냐하면 로마제국을 멸망시킨 게르만족은 라틴민족이 일으킨 로마문화에 철저하게 파괴와 약탈을 자행함으로써 종교적 문화로 발전시켰기 때문이다.

이런 의미에서 중세사회의 특징을 살펴보면 다음과 같다.

첫째로 기독교가 지배한 사회였다. 야만적이고 미개한 게르만족을 교화하였으며 교황권 구축을 위한 기독교문화의 형성으로, 현대사회는 과학을 중심으로 발전하듯이, 중세에는 종교, 특히 기독교가 사회, 문화, 학문 등 모든 분야에 관여하고 참여한 기독교 중심의 사회였다.

이 시기는 신앙적으로는 밝은 빛을 발하였지만 이성의 빛은 침묵한 시기였고 종교 앞에서는 무용지물이며 나약한 파수꾼에 불과하였다. 따라서 신 중심적인 시대라 볼 수 있다.

오직 신만이 절대적이며 신에게 복종하고 오직 신의 뜻대로 살 것을 강요하며 현세 사회의 물질과 향락을 배격하고 신의 세계로 입문시키기 위한 요구가 강한 시기로 교육이나 철학에서도 오로지 신을 위한 교육과 사상이 대두된 시기라 할 수 있다. 따라서 교회를 중심으로 신 중심의 교육과 사상을 전파하고 절대적인 권력을 휘두르는 시기라 볼 수 있다.

둘째로 사회, 경제적으로는 프랑크 왕국의 대제인 카를 대제에 의한 봉건주의와 장원제도가 성립된 시기였다. 로마제국이 멸망한 후 유럽은 정치, 사회적으로 혼란한 시기에 접하였다. 종교적으로는 이슬람교와의 종교전쟁, 북쪽으로는 바이킹족들의 침입 등으로 정치, 경제적으로 불안과 공포의 시기였다. 따라서 강력한 인물을 중심으로 계급사회를 요구하였고 이를 중심으로 자급자족하는 공동체생활을 할 수밖에 없었던 시대적 상황에 봉착할 수밖에 없었다.

농민들은 생계와 목숨을 담보로 생산물들을 토지 사용료로 영주에게 바쳤으며 그 밖의 노동을 제공하며 살았고 영주는 정복한 토지를 부하에게 나누어줌으로써 주종관계를 맺고 살아가는 봉건제도(국왕-영주-제후-승려-기사-농민과 농노)가 정착된 시기라고 할 수 있다. 이러한 제도는 문화, 정치, 경제적으로 많은 변화를 가져왔다. 이러한 관계를 철저하게 하기 위해서는 강력한 계급사회가 필요한 것이다.

셋째로는 마호메트를 중심으로 하는 이슬람교의 정복활동과 종교전파로 인한 새로운 문화인 사라센 문화의 영입이다. 즉 십자군 전쟁으로 서유럽에는 이슬람 문화가 유입되어 새로운 문물과 학문이 유입되어 중세사회 전반에 많은 영향을 미쳤다는 것이다.

11세기 말 약 200년 동안 이어진 십자군 전쟁으로 인하여 교황권과 교회의 권위가 위협받게 되었다. 따라서 강력한 기독교문화는 서서히 힘을 잃었고 전쟁의 실패로 인하여 봉건제도의 몰락과 무역의 발달로 인한 도시국가가 형성되면서 새로운 시민계급의 탄생을 예고하였다.

넷째로는 문화적인 면으로 고대와의 차이를 확연히 구분할 수 있다. 그 차이는 오직 기독교 사회 및 문화로 형성되어 있어서 학문, 관습, 정치, 문화, 예술, 도덕, 풍속 등 교회가 중심이 되었으며 고대문화는 교회의 권위나 신의 권위를 훼손하지 않는 한 허용되었으며, 그 외에는 일체 허용되지 않았다. 이와 같은 것은 철학, 미술과 같은 학문도 예외는 아니었다. 그리하여 중세를 '암흑시대 혹은 모든 학문은 신학의 시녀'라 부르고 신을 절대화하려는 목적으로 사용되었다. 예를 들면 '신'이 존재한다는 이론을 확립한다든가' 혹은 '신의 가르침을 어떻게 하면 올바르게 전달할 수 있는가?' 혹은 미술에서도 사원건축을 중심으로 종교적 동경을 고취시키려는 목적으로만 초점이 맞추어져 있다. 이는 고딕양식에서 천장이 높이 솟아 있어 지상에서 천국을 동경하는 것만 보아도 알 수 있다.

## 1. 기독교의 성립과 발전 과정

앞에서는 서유럽에서는 기독교가 생활 전반에 얼마나 영향을 미쳐 사회를 변화시키고 곳곳에 침투하였는지를 살펴보았다. 이는 서양의 고대시대는 철학에서 시작되어 기독교로 끝난다는 말이 있듯이 서양사상을 논하는 데는 철학의 탄생과 기독교의 성립은, 다시 말하면 철학에서 시작되어 헬레니즘을 거쳐 기독교로 마무리 된다는 것이며 고대 시대에 정신적 사상을 구축하였다고 말해도 과언이 아닐 것이다.

기독교는 언제 형성되었으며 어떻게 전파가 되었는지를 살펴보는 것이 중세사회를 이해하는 데 도움이 될 것이다.

기독교는 기원전 1세기를 전후로 시작되어 여러 세기를 거쳐 성장, 발전하였다. 아시다시피 기독교는 유대교에 그 뿌리를 두고 야훼(Yahweh)를 섬기는 신이며 이스라엘의 민족종교에서 시작되었다고 알려져 있다. 구체적으로 정리하자면 기독교의 성립과 발전 과정은 세 시기로 구분할 수 있는데 첫 번째 시기는 초기 그리스도교 시대(예수 그리스도부터 시작하여 사도들에 이르는 약 100년의 사도시기), 둘째는 로마그리스도교 시대(박해-공인-로마 국교로 승인 과정), 셋째는 중세의 그리스도교 시대(교부철학과 스콜라철학에 이르는 시기)로 나누어볼 수 있다.

기독교의 출발은 예수 그리스도(Jesus Christ)의 출현과 더불어 로마의 지배하에 있던 이스라엘에서 복음이 전파되었다. 기독교의 창시자인 예수 그리스도(Jesus Christ)의 생애는 확실치는 않으나 설교가 활발했던 것은 기원후 30~33년경으로 알려져 있으며 이때 그는 12사도(使徒)들과 함께 유대(Judea)와 함께 갈릴리(Galilee) 지방을 여행한 것으로 기록에 나와 있다. 이러한 가운데 유대인들은 구세주가 등장하여 자신들을 구원해 주고 하나님의 왕국을 세울 것이라는 '메시아사상', 즉 장차 구세주인 메시아가 나타나 유대민족을 구원할 것이라는 믿음을 통하여 로마의 통치를 받는 유대인들을 해방시켜 준다는 사상이다.

예수 그리스도의 등장이 당시에는 혁명적인 사상이었다. 계급과 민족을 초월하고 만인의 가슴에 호소하는 보편적인 원리는 종교로써 충분한 여건을 갖췄으며 천대받는 사람들, 즉 부녀자나 어린아이들을 비롯한 많은 사람들에게 스며들기에 충분하였다. 이러한 사상은 예수의 죽음으로 잠시 멈칫하였으나 예수 그리스도의 부활로 인하여 그의 사도들은 다시금 유대인들을 전파하고 각성시켰으며 차츰 이방인들에게 번져 나가게 되었다.

로마제국에는 기원후 1세기부터 그리스의 제자들에게 그리스도의 정신이 스며들었으며 이 중에서도 가장 활발하게 전도에 힘쓴 자는 사도 바울로(Paulus)이다. 그는 사울이라는 이름을 가진 유대인으로서 로마의 시민권을 가지고 있었고 유대교 신자로서 그리스도교에 대해 호의적이지는 않았으나 어느날 예수의 추종자들을 박해하기 위하여 다마스커스(Damascus)로 가던 중 기적을 체험한 후 예수 그리스도가 살아 있음을 깨닫고 기독교로 개종하여 여러 지역을 다니며 전도활동을 하여 세계적인 종교로 이끄는 데 공헌하였다.

바울로는 예수를 이스라엘 민족만의 메시아로서가 아니라 전 인류를 구원하는 존재로 전환시켰다는 것이다. 다시 말하면 예수 그리스도는 스스로 십자가에 못박힘으로써 인류의 모든 죄를 사하여 주었기 때문에 예수의 속죄를 믿으면 사람들은 누구나 영혼을 구제받는다는 사해동포주의(四海同胞主義)로 탈바꿈시켰다는 것이다. 당시 예수의 가르침은 엄격한 율법에 따르던 것을 사랑의 율법으로 바뀌게 하였으며 십자가로 상징되는 '신의 희생'과 죽은 자 가운데서의 '신의 부활'은 사랑과 악을 극복하고 인간 역시 신의 사랑을 통해 악을 극복할 수 있다는 인간의 구원 가능성을 열어놓았다.

당시 로마제국은 정복과 회유를 통하여 거대한 제국을 건설하였으나 말기에는 부패와 사회 전반의 타락, 그리고 이민족의 침입으로 정치적, 군사적, 경제적으로 위기를 맞이하여 큰 혼란에 빠져 있었다. 따라서 국민들은 과도한 세금과 폭군의 등장으로 정치적으로나 생활에 어려움을 느꼈으며 사회문화적으로는 태평성대를 누리다 보니 그들만의 사상과 철학이 없었고 도덕과 기강은 무너져 부패가 만연한 시기였다.

결국 이러한 메시아사상은 로마의 지배로부터 벗어날 수 있다는 희망으로 떠올랐고 고대의 질서를 무너뜨리는 데 기여했던 것이다. 당시 로마제국은 도덕적인 아노미(anomie)현상을 벗어나지 못한 상태였으며 이러한 사회적 분위기에 편승하여 메시아사상이 자리를 잡게 되었다.

유대로부터 건너온 기독교는 초기에는 오직 유일신(唯一神)만을 섬기는 종교였기 때문에 황제를 신이라 여기는 로마의 신앙과는 배치되었다. 로마의 기존 종교와 새로 유입된 기독교는 화합할 수 없는 상반된 종교로서 박해를 많이 받았기 때문에 처음에는 밀의적(密議的)이며 신비적인 로마제국에 스며들었으나 여러 사람들의 순교로 인하여 민중들 사이에 확대되기 시작하였다.

놀라운 것은 교양 있고 윤리적이면서 철학적 사상을 탐구한 황제일수록 기독교에 관대하지는 않았다는 것이다. 폭군인 네로를 위시하여 특히 마르쿠스 아우렐리우스 같은 황제는 기독교에 대하여 더욱 관대하지도 않고 탄압정책을 썼다는 점에서 아이러니하다. 아마 황제에게는 당시의 최고 권위에 도전하는 것은 백성과 자신에게도 좋지 않다고 인식하였던 것 같다.

처음에 로마제국은 그리스도교를 박해하지는 않았다. 로마의 종교관은 매우 관대하였기 때문이다. 황제의 권위와 국가적 정책에 반대하지 않는 한 모든 종교를 허용하였다. 그러나 그리스도인들이 국가적인 정책에 협조하지 않았고 병역의 의무와 납세의 의무를 다하지 않았고 그들의 유일신이기 때문에 황제를 숭배하는 것이 그들과 맞지 않았기 때문에 탄압이 일어나기 시작하였던 것이다. 따라서 탄압이 이루어지자 신도들은 지하로 숨어들었으며 이러한 행위가 오히려 증오심을 가지게 된 요인이 되었으며 이는 4세기까지 이어졌다.

그러나 어떤 종교에서도 나타나듯이 종교는 신비적이고 매력적이어서 탄압을 가하면 가할수록 응집되는 경향을 당시에는 몰랐던 것이다. 예를 들면, 우리의 조선 후기 가톨릭이 유입되는 과정에서 탄압이 있을수록 순교자들이 생겨난 경우와 같이, 탄압이 오히려 기독교를 강화시키는 결과를 가져왔으며 신도들은 예수를 위해 헌신하는 것이 최고의 선이라 여긴 것이 결정적 계기가 되었다. 마침내 서기 313년 콘스탄티누스 1세가 기독교를 공인하게 되며, 아타나시우스의 교리, 즉 성부와 성자가 영원히 동질이라는 교리가 교회의 정통 교리로 채택되었으며 392년 기독교 이외에 다른 종교를 금지시켰고 395년 테오도시우스 1세는 기독교를 로마국교로 선포하였으며 철학이 로마에 정착되고 중흥기를 맞이할 수 있는 가장 결정적인 것은 529년으로 유스티니아누스 1세는 아테네의 아카데미아를 폐쇄하고 기독교 이외의 철학을 모두 금지시켰다. 다시 말하면 '이성의 시대가 사라지고 신학의 시대가 도래하였다.'는 것을 의미한다는 것이다.

## 2. 예수의 사상

우리는 앞에서 4대 성인 중 한 사람인 소크라테스에 대해 알아보았다. 4대 성인 중 또 한 사람인 예수의 생년은 서력의 출발로 되어 있으나, 실제로는 BC 5년부터 AD 4년까지로 학설이 다양하다.

그는 갈릴리의 조그만 마을 나사렛에서 가난한 목수의 아들로 태어나고 자랐으며 예수가 태어날 때 동방박사들이 가져온 3가지

선물인 황금, 유황, 몰약에는 중요한 의미가 들어 있다. 첫 번째인 황금은 예수의 성품과 왕권을 상징하고, 두 번째 유황은 성전에서 제사를 지낼 때 분향을 위한 향로로 쓰이기 때문에 예수의 신성을 의미하며, 세 번째 몰약은 시체에 바르거나 사형수에게 마취제로 사용되기 때문에 예수의 십자가의 수난과 죽음을 말한다. 실제로 태어나서 십자가의 수난까지의 삶을 살아간 것을 보면 동방박사의 예언이 적중했는지 모른다. 이와 같은 삶을 살아간 예수는 우리에게 어떠한 교훈을 남겼는지를 살펴볼 필요성이 있다. 왜냐하면 그의 사상이 중세의 문화와 사상에 큰 밑거름이 되었기 때문이다. 여기에서는 구체적인 생애와 삶 등은 생략하기로 한다. 왜냐하면 종교적으로 민감하고 흔히 상식적으로 많이 알고 있는 내용이기 때문이다. 따라서 예수의 사상을 정리하면 다음과 같다.

### 천국은 우리의 마음속에 존재한다. 구원사상

그는 "세상에 종말이 다가왔으니 회개를 하고 신앙을 통해 구원을 받으라는 구원사상"을 가지고 있다. 오늘날 세계 각 지역에서는 종말론에 많은 관심을 갖고 있는 것이 사실이다. 사회가 혼란스러우면 혼란스러울수록 이와 같은 종말론은 종종 우리 곁으로 다가온다는 것이다.

가령 인구문제, 자원문제, 전쟁, 핵무기, 사이보그, 문화지체 현상으로 인하여 우리의 미래는 예측할 수 없는 시대를 예고하고 있다. 우리나라에서도 마찬가지이다. 남북의 긴장감으로 인한 전쟁의 위험성, 도덕성의 헤이함, 환경오염, 빈부의 격차, 윤리성의 상실 등으로 인하여 어디로 튈지 모르는 럭비공의 시대로 가고 있는지도 모른다. 이러한 미래에 대한 불안감은 예언을 통한 갖은 소문과 인간의 나약함 때문에 우리에게 더욱 절실하게 다가오는 것이 사실이다. 과거 이러한 종말론, 예를 들면 일제시대의 예언, 1999년의 예언, 노스트라다무스의 예언 등으로 인하여 사회적으로 많은 문제점을 야기했다.

그러나 더욱 심각한 것은 인간의 정신적인 황폐화이다. 서로 간의 시기와 질투, 욕망과 탐욕, 투기, 중독, 살인, 강간, 사회적 빈부 격차로 인한 불신과 갈등 등은 마음의 불안으로부터 오는 외적인 요인이다. 다시 말하면 사회에서 만연되는 사회적인 병폐들은 인간의 마음속에서부터 온다는 것이다.

예수는 하나님의 나라가 인간의 마음속에 있으니 신앙을 통하여 직접 행함으로써 이를 극복하여야 하며 그리하면 인간은 비참한 최후를 피할 수 있다는 것이다. 다시 말하면 예수님의 진리를 실천함으로써 우리는 천국에 도달할 수 있으며, 이 땅에서도 분명히 누릴 수 있다는 것이다. 예를 들면 우리의 이웃, 우리의 이웃국가를 보자. 한편으로는 너무 부유하여 비만국이 있는 반면에 아프리카나 후진국에서는 한 달에 만 원이면 살아갈 수 있는데도 굶어죽는 아동이 늘어나고 있는 실정이다. 각자의 양보와 이웃에 대한 배려가 조금이라도 있다면 이러한 현상은 없어질 것이다. 이러한 연유는 왜 일어나는 것일까? 예수님에 의하면 인간의 탐욕이 불러오는 현상이며 조금만 이웃을 배려한다면 아름답고 풍족한 세상이 될 것이다. 이러한 세상이 천국이며, 천국은 우리의 마음속에서 만들 수 있다는 것이다. 이러한 것은 우리 마음에 자리 잡고 있기 때문에 걱정하지 말 것을 당부한다. 그리하면 최고의 유토피아인 천국이 될 것이다.

종말론은 인간의 의지로는 가져올 수 없다. 오직 하나님만이 결정할 수 있는 사항이다. 그러하니 항상 '깨어 있어라' 그리해야만 '참다운 자유를 얻으리라'는 성경의 말씀처럼 불안해 하지 말고 종말론은 언제 올지 모르니 항상 예수님과 함께하면서 참된 신앙생활을 하면서 천국을 향할 실천적인 삶을 살도록 하자는 것이다. 분명히 말하자면 종말은 반드시 오지만 언젠가는 우리의 곁에 온다는 사실만을 인지하면서 참다운 삶을 살아가자는 것이다. 인류의 최종목표는 이 땅에 하늘나라를 실현시키는 일, 즉 전 인류의 구원으로서 천국의 실현과 영원한 평화를 실현하는 것이다.

### 재산을 공유하자. 만인평등사상

예수는 남녀노소, 재산의 유무, 인종, 민족, 종교와 관계없이 모든 차별을 배격하는 혁명사상을 가지고 있다. 따라서 모두에게 차별이 없는 나라는 반드시 실현될 수 있다고 말한다. 이에 따라 세상은 의로운 사람이 박해를 당하고 손해를 보며 눈물을 삼키곤 하는데 악한 사람은 그러하지 않다. 그들은 법과 권력에 의지하여 잘 먹고 잘 살며 오히려 그렇지 못한 사람에게 박해를 가하는 실정이다.

오늘날 이 세계도 이와 같은 현상이 똑같이 적용되고 있다. 가진 자와 못 가진 자, 직업에 대한 귀천 혹은 교육을 받은 자와 받지 못한 자 등에 따라 차별적인 대우를 받고 있는 것은 사실이다. 예를 들면 경제력을 가진 자는 권력까지도 움켜쥘 수가 있는 세상이다. 이 세상은 그들에 의해 움직여지고 심지어는 정의나 불의까지 결정된다고 하여도 과언이 아니다. 국제사회도 마찬가지이다. 선진국들은 경제력을 바탕으로 세계의 경찰국가를 자칭하면서 온갖 만행을 저지르면서 자기들의 논리가 정의라고 외치는 현실을 보라! 그들의 행위에 따라 불의(不義)가 정의(正義)가 되는 세상이다. 이는 바로 경제력이 가져다준 결과이며 미래사회에서도 마찬가지일 것이다. 이때 경제력이라는 것이 말하자면 돈의 위력인 것이다.

예수는 이 땅에서 자유, 평등, 행복을 누리는 것보다 영혼의 자유가 무엇보다도 우선이라고 했다. 따라서 세속적인 부, 명예, 권력을 멀리할 것을 권고한다. 왜냐하면 세속적인 욕망은 신앙생활을 방해하며 이는 곧 영혼을 어지럽게 하기 때문이다. 왜냐하면 유한한 이 세상의 삶은 천국에서의 삶과는 전혀 다르다는 것이다.

그렇다면 예수는 세속적인 권력인 돈에 대한 관점은 어떠했을까? 그는 남는 것은 가난한 사람에게 돌려주라는 것이다. 왜냐하면 인간은 물질적인 탐욕 때문에 천국에 도달하지 못하며 영혼으로부터 자유로워질 수가 없다는 것이다. 그렇다고 해서 돈이 필요 없다는 것은 아니다. 그것을 취하는 인간의 마음이 문제라는 것이다. 따라서 자기 것 이외에 남의 것을 탐하지 말라는 이야기이다. 남의 것을 탐하다 보면 돈이 인생의 전부인 것처럼 되기 때문이다. 이로 인하여 약탈과 살인 등 온갖 악행이 일어나기 때문이라는 것이다. 따라서 물질적 탐욕을 가진 자는 천국에 갈 확률이 낮아진다는 것이며 남는 것은 하나님에게 바칠 것을 권유하며 재산의 공유를 주장했다. 이것이 바로 재산공유주의이다.

이로 보아 예수는 나약하고 가난한 약자의 편에 서서 행동하고 실천한 인물이다. 민족과 종교, 귀천, 남녀노소의 구별 없이 약자 편에 섰고 그들을 위해 헌신하였던 것이다.

### 내 이웃을 사랑하고 네 원수를 사랑하며 기도하라. 박애주의사상

사도 바울로가 예수는 이스라엘 지역에 나타나 사랑의 복음을 부르짖고 민족과 신분을 초월한 사랑이라는 메시지를 전파했다. 다시 말하면 이전의 엄격한 율법을 제시하는 것보다 사랑의 율법, 다시 말하면 위로는 하나님을 사랑하고 아래로는 이웃을 내 몸과 같이 사랑하라는 것이었다.

여기에서의 사랑은 이전의 사랑과는 전혀 다른 사랑이었다. 이전의 사랑은 철학에서 말하는 지혜에 대한 사랑, 즉 에로스(Eros)적인 사랑이 아니라 아가페(Agape)적인 사랑을 말한다. 다시 말하면 정신적이고 육체적인 사랑에서 전환되어 인간에 대한 무조건적이고 무한하고 대가성이 없는 사랑을 말한다는 것이다. 또한 인간에 대한 신의 무한한 사랑을 의미하며 인간도 신에 대한 무한한 사랑에 보답해야 한다는 것이다. 따라서 우리 주변과 혹은 타인에 대하여 무조건적인 사랑을 해야 한다는 것이며 이것이 엄격한 율법을 대신해야 한다는 것이다.

예를 들면 엄격한 율법, ~하지 말라는 대신에 좀 더 완화된 사랑으로 대체시켜 놓았다는 것이다. "형제에게 노하는 자마다 심판을 받게 되고 간음하지 말라"는 계명 대신에 "음욕을 품고 여자를 보는 자마다 마음에 이미 간음하였느니라"로 완화하는 대신에 "눈에는 눈, 이에는 이로 갚으라"는 대신에 "누구든지 네 오른 뺨을 치거든 왼편도 돌려 대라", "네 이웃을 사랑하고 네 원수를 미워하라"는 것을 너희가 들었으나 나는 너희에게 이르노니 "너희 원수를 사랑하며 너희를 박해하는 자들을 위해 기도하라" 하였으며 "하늘에 계신 너희 아버지의 아들이 되리니 이는 하나님이 그 해를 악인과 착한 사람에게 비추시며 비를 의로운 자와 불의한 자에게 내려주심이라. 너희가 너희를 사랑하는 자를 사랑하면 무슨 상이 있으리요, 세리(세금을 징수하는 관리)도 이같이 아니하였느냐, 또 너희가 너희 형제에게만 문안하면 남보다 더하는 것이 무엇이냐. 이방인들도 이같이 아니하느냐. 그러므로 하늘에 계신 너희 아버지의 온전함과 같이 너희도 온전하라"와 같이 박애주의와 이타주의 사상을 보여주었다는 것이다. 이는 모든 사람을 존귀하게 대하고 보살피고 돌보는 만인을 위한 사랑을 전파하였다는 것이다.

또한 "비판받지 아니하려거든 비판하지 말라"던가, "무엇이든지 남에게 대접을 받고자 하는 대로 너희도 남을 대접하라"고 말하는 것도 호혜의 원칙에 준하여 상대방의 입장에서 생각하라는 것이다.

이와 같이 기독교에서는 율법을 엄격히 지키라는 것이 아니고 부지런히 선을 행하라는 것도 아닌 예수를 잘 믿기만 하면 구원을 얻고 천국에 갈 수 있다는 것으로 적극적으로 이웃을 사랑하며 자기의 것을 내어주는 것이 엄격한 율법을 지키는 것보다는 훨씬 더 바람직하다는 것이다.

## 기독교, 이슬람교, 이스라엘의 예루살렘

우리는 매년 예루살렘에서 벌어지는 희한한 광경을 목격한다. 한편으로는 종교적 행사로 떠들썩거리며 또 한편으로는 전쟁의 긴장 속에서, 자살폭탄, 전쟁, 영토문제 등의 문제로 시끄러운 뉴스를 접하게 된다. 이는 왜 성스러운 땅이라는 곳에서 매년 반복되는 것일까? 이는 분명히 이유가 존재한다.

이스라엘이 축복받은 곳임엔 분명하다. 왜냐하면 세계적 종교인 기독교, 이슬람교, 유대교의 성지이기 때문이다. 그러나 이 지역은 종교적으로는 매우 복잡한 지역이다.

아브라함이 이삭이라는 적자를 아내에게서 얻고 첩에게서는 이

스마엘인 서자를 얻었기 때문에 문제는 심각하여진다. 다시 말하면 두 종교는 혈통적으로 사촌 간이라 할 수 있다. 이삭에서 출발하여 다윗, 솔로몬, 예수가 등장하고 이스마엘과 에서(Esau)가 결합하여 에돔족을 형성하게 되는데 이 혈통에서 이슬람교의 창시자인 마호메트가 태어나게 된다. 다시 말하면 아브라함은 기독교뿐만 아니라 유대교와 이슬람교의 조상이 되는 것이다. 따라서 이 세 종교는 혈통적으로는 어찌하거나 같은 뿌리를 두고 있다는 것이다.

또한 이스라엘 사람들은 아직도 유대교를 많이 믿기 때문에 예수를 메시아로 받아들이지 않고 있다는 것이다. 예수를 메시아가 아니라 중간자로 받아들이고 이 땅에는 구세주가 아직 나타나지 않았다고 생각한다는 것이다. 따라서 이 지역은 전통적인 유대교와 예수에 의해 생겨난 기독교, 아랍민족의 후손으로 태어난 마호메트의 이슬람교는 이곳을 성지로 여기고 있다는 점에서 서로 대립하고 있다는 것이 사실이다.

이와 같이 종교적으로는 매우 가까운 것인데 오늘날 매우 심각하여 세계적인 화약고로 불리는 것은 매우 이상하다. 그러나 현재의 이스라엘은 나라 잃은 서러움이 약 2000여 년 이어졌다는 것이 사실이며 그것으로 인한 서러움을 다시는 밟지 않겠다는 것이 오늘날의 이스라엘의 모습이 아닌가 싶다.

따라서 이 지역에서의 평화의 공존을 위해 종교인들과 국제사회에서 지혜롭게 대처하여 남북문제를 포함하여 세계 평화에 기여해야 할 것이다.

## 3. 중세의 철학사상

중세의 철학사상은 크게 두 가지로 나누어지는데 교부철학과 스콜라철학이다. 이 두 철학의 특징은 신학을 위한 철학이라는 것이다. 중세의 천년을 지배한 것은 종교적으로 기독교이며 경제적으로는 봉건제였으며 사상적으로는 교부철학과 스콜라철학이었다.

### 1) 기독교 교리에 힘쓴 자들, 교부철학

지중해 동부에서 생겨나 전파되기 시작한 기독교는 신자들의 수가 빠르게 확산되었고 고대시대에서 중세시대로 접어들게 되었다. 그러나 아직도 기독교는 신앙으로서는 체계를 잡지 못하고 있었으며 통일된 교리를 갖춘 상태는 아니라는 것이다. 예를 들면 같은 말이라도 해석에 따라 의미가 달라지듯이 또한 사람에 따라 달라지듯이 어떤 것을 이단으로 하고 어떤 것을 정통이라고 해야 하는지를 입장에 따라 달리하게 되었다. 이를 시급히 해야 할 문제가 생겨나서 도입한 것이 기독교와 철학의 만남이라는 것이다.

교부철학의 특징은 로마 말기에 기독교가 공인되고 난 뒤 신학을 더욱 체계적으로 옹호하기 위해서 노력한 철학이라 할 수 있다. 즉 기독교가 신앙으로서 형성할 수 있는 이론적 근거를 확립하기 위해서 철학이라는 학문을 도입했다는 것이다.

초기 기독교가 사도 바울에 의해 체계를 갖춘 새로운 기독교 철학이 발생하여 2세기경부터 7~8세기까지 발전하였는데 이것이 바로 교부철학이며 교회에서 존경받는 자로서 철학적 지식이 풍부한 신도(司祭나 信者)들이 교회를 육성하거나 기독교를 확립하는 데 공헌하였다는 의미에서 명예로운 존칭인 교부(教父, Patresecclesiasticiae. Church Father, 그리스어이자 라틴어인 아버지의 뜻인 pater에서 유래)를 붙여 명명했다. 다시 말하면 로마교들에게서 박해를 받았거나 초기 기독교에서 교의(教義)와 교회발달에 큰 공헌을 한 종교상의 훌륭한 스승이나 저술가들을 말하며 이러한 교부들의 철학이나 사상을 말한다고 볼 수 있다.

이들은 초기 교회의 사상이 하느님의 지혜를 계시로 가르쳐 준다는 신앙으로는 인간의 이성적 능력이 한계가 있으므로 이교들에게 박해를 받았으며 이러한 과정에서 교회와 신앙을 옹호하고 변호하는 호교서(護教書), 즉 종교는 초이성적이기는 하나 반이성적이 아니라는 것을 변호하는 초기 기독교 사상가들의 문서를 황제에게 제출하였다. 이처럼 그리스도교에 대한 비난과 박해로부터 보호하기 위해 노력해야 하며 단순한 무지나 편견이나 혐오, 미지에 대한 공포, 그리고 잘못 전해지는 내용 등에는 대처하지 않을 수 없으며 또한 이론적인 측면과 철학적인 논증을 통해서 신앙을 옹호하는 것이 더욱 절실했다는 것이다.

따라서 연구와 저술을 통하여 교회의 정통교리를 정당화하고 성스러운 생활을 통해 신앙적인 모범을 보임으로써 일반인의 존경을 받았던 교회의 지적 지도자들이요, 교회의 지적 지도자들이며 기독교 교육자들을 말하는 것이다. 따라서 교부들은 교의의 건설, 발전에 공헌하고 기독교 사상을 합리적, 철학적으로 체계화하려는 신학자들로서 대개의 경우 그리스, 로마의 문예에 정통한 사람들이며 고대 그리스의 문화적, 철학적 유산과 기독교 사도들의 신앙적 가르침이 어떤 관계에 있는가에 관심을 가진 사람들이었다.

그리하여 '교부'들은 신앙의 진리들을 단순히 계시를 통해 파악하는 것이 아니라 이성에 의해서도 파악해야 했다. 그러하지 않고서는 중세시대에는 그리스 신앙을 유지할 수가 없으므로 그리스도교 교리와 신앙체계를 합리적으로 이론화하고 철학적으로 조직화하기 위해서 그리스철학을 연구하기 시작하였다. 그중에서도 플라톤의 '이데아론'적 세계관이 가장 적합하였다. 이렇게 해서 '교부철학'이 탄생한 것이다. '교부'의 명칭은 후에 주교(主敎) 또는 승려, 심지어는 평신도에게도 적용되었는데, 전통을 지키면서 저술하는 신자들이 교회에 의해 승인받은 사람이면 모두 다 '교부'라 칭하였다. 이러한 '교부'를 두 가지로 구분하는데 그리스어로 저술한 사람들을 그리스 교부, 라틴어로 저술한 교부를 라틴어 교부라 일컬었다. 이 두 가지는 나중에 설명하기로 한다.

하여튼 교부철학은 그리스의 철학을 연구하게 되었고 특히 그리스의 철학자인 플라톤에 관심을 갖게 되었으며 기독교의 교리가 이들과의 결합에 중점적인 역할을 하였다.

플라톤에 따르면 만물의 근원과 본질은 완전하고 영원한 정신세계, 즉 '이데아의 세계'에 있다. 가시적 세계, 즉 우리가 보는 현실의 세계는 환상에 불과하다는 것이다. 다시 말하면 이데아계의 모방이라는 것이다. 따라서 개별적인 사물들은 이데아의 속성을 가지고 있지만 불완전하고 모방이라는 것이다. 교부들은 이러한 플라톤의 생각에 기초해서 최고의 존재자인 신으로부터 개별적 피조물에 이르는 세계의 모든 존재를 설명하고 교리를 정당화한 사람이 바로 아우구스티누스라 생각했다.

### a) 방황에서 돌아온 교회의 아버지, 아우구스티누스(354~430)

고대철학을 받아들여 중세의 기독교 철학을 확립한 중세의 대표적인 철학자로 알려진 그는 북아프리카의 누미다 지방에서 태어났다. 그의 사상은 교부철학 그 자체였으며 그에 의하여 하나의 철학적, 학문적으로 체계화되었다고 볼 수 있다. 중세뿐만 아니라 근세의 기독교 사상에도 큰 영향을 미쳤던 중세의 거장이면서 교회의 아버지라 불렸다.

그의 생애를 살펴보면 무척 흥미로운 것들이 많다. 그의 부친은 이교도였으며 어머니는 독실한 기독교신자로 알려졌고 그는 초기에는 3세기에 페르시아의 마니가 창시한 것으로 알려진 마니교에 흠뻑 빠진 아이였다. 당시 마니교란 조로아스터교의 변형으로서 기독교와 불교의 교리를 본떠서 만들었으며 선과 악으로 대변되는 이원론을 주장하고 엄격한 계율을 중시한 종교였다.

그의 저서인 『고백론(The Confessions)』을 살펴보면 그의 어린 시절에 매우 방황했던 것으로 알려졌다. 그는 젊었을 때 매우 방탕하고 타락한 생활을 하였다고 볼 수 있다. 그는 19살에 노예 출신의 여자와 결혼하지 않은 채 아이를 낳았으며 이 여자는 그에 의해 버림을 받았으며 또 다른 여자와 약혼을 하면서도 다른 여자와 바람을 피울 정도로 방탕한 생활을 한 것으로 알려져 있다. 이때의 나이가 서른쯤이었다.

그는 마흔이 될 쯤에 방황을 끝내고 기독교로 돌아와 경건한 삶과 모범적인 생활을 하였다고 한다. 그에게 이러한 생활을 하게 하여준 획기적인 계기가 된 것은 수사학 교수로 초빙된 384년 밀라노의 주교인 암브로시우스의 설교를 듣고 난 뒤 기독교에 귀의하게 되며 플로티노스의 책을 접하고는 철학자의 길로 전환하게 된다. 그리고 391년에 서품을 받고 395년에 히포의 주교가 되었다.

### b) 인간의 완성은 하나님과 합일하는 것

플라톤의 전통에 따랐던 아우구스티누스는 완벽한 존재에 대한 질문을 통해 신에게로 접근하는데 그에게 육체적, 감각적 쾌락이라는 것은 덧없기만 하고 완벽한 것이 될 수 없다는 것이다. 정신도 역시 죄를 지을 수 있으므로 영원한 지식이나 진리에 도달 할 수는 없다는 것이며 결코 혼자 힘으로 도달할 수도 없다는 것이며 오류를 범할 수도 있다는 것이다.

그에 따르면 영혼은 3가지로 구분되는데 본질과 이해하는 능력 그리고 사랑으로 구성되며 사랑은 영혼의 출발점이라 볼 수 있다. 인간은 사랑을 통해 하나님이 되려는 욕망을 가진다. 영혼의 이런 측면의 인식은 영혼 자체의 내적 작용에 의해 생기며 비록 이런 감정들의 기원과 만족의 수단을 의식적으로 이해할 수는 없지만, 그것은 인간의 내부에서 부적절함과 동경의식을 낳는다. 인간 영혼의 세 측면은 하나님의 삼위일체(三位一體)의 성격을 반영한다.

즉 삼위일체라는 것은 성부(하나님)와 성자(예수) 그리고 성령(성신)과 일치되며, 이는 천지만물을 창조하신 하나님과 인간의 육신을 입고 이 땅에 내려오신 예수 그리스도 그리고 예수가 죽어 하늘로 올라간 후 그를 대신해서 이 땅에 내려온 성령이 하나라는 것이다. 인간의 완성은 하나님과 완전한 일체라는 것이다. 즉 각각의 나타나는 위격(位格)은 달라도 결국 한몸이라는 것이다. 다시 말하면 예수가 하나님이면서 완전한 인간이라는 신인설(神人說)을 믿는 다는 것이다. 이것은 다른 반론들, 예수가 사람이냐 인간이냐? 하나님의 피조물이 어떻게 동일한 인물일까?라는 문제들을 낳았지만 이런 교리들은 기독교의 교리로 자리를 잡게 되었던 것이다.

『고백론』에서 보듯이 “당신 안에서 평화를 발견할 때까지 우리 마음은 평온하지 않다.”라는 말은 이와 같다고 볼 수 있다. 이는 마치 태양에서 빛이 방사되는 것처럼 예수는 하나님의 본질로부터 내적 필연성에 따라 생기므로 예수는 하나님임과 동시에 하나님의 아들인 것이다.

이는 기독교의 진리관과 대입하여 보면 정신도 온전하지 않기 때문에 오로지 신에게서만 얻을 수 있으므로 신과 진리는 영원한 것이므로 결국 신의 존재가 영원한 것처럼 진리도 영원한 것이라

할 수 있다. 즉 신의 존재와 진리의 존재는 동일한 것이다. 따라서 사물의 존재는 이러한 신의 활동을 보여주는 것으로 신은 진리처럼 변화하지 않고 완전한 존재이며 비록 모든 것이 소멸하고 변화하지만 그 존재는 일정한 형상을 가지며 그것은 영원한 신을 의미한다는 것이다.

결국 신이 진리라 하면 세상의 모든 것 역시 진리라는 말이다. 세상은 진리에 의해 탄생되었으며 비록 그 정도가 낮더라도 진리의 흔적을 지니고 있다는 것이 아우구스티누스의 주장이다. 마찬가지로 인간의 영혼 또한 진리에 의해 창조되었으므로 진리에 가까이 갈 수 있으며 결국 인간은 신이라는 존재를 통하여 그를 믿음으로써 구원에 이르게 된다는 것이다.

아우구스티누스는 인간의 이성이 여러 가지 사물에 대한 확실성을 가지고 있다는 점에서 회의주의를 벗어날 수 있게 되었다. 그는 이전에는 인간에 의해 이해될 수 있는 진리란 있을 수 없다는 회의주의에 깊이 심취하였으며 그리스도로 개종한 후에는 어떻게 진리를 획득할 수 있을까?라는 데 더욱 관심을 두어 회의주의로부터 벗어나게 되었다. 인간의 이성은 모순율에 대한 절대적인 확신을 가지고 있다는 것이다.

모순율이라는 것은 한 사물이 존재하는 동시에 존재하지 않을 수 있다는 말이 있을 수 없다는 것이며 이러한 원리를 이용하여 진리에 대한 확실한 인식이 가능하다는 것이다. 다시 말하면 모순원리라는 논리적 사고의 법칙으로 'A는 A 아님이 아님' 또는 'A는

B인 동시에 B가 아닐 수도 없다'라는 형식을 나타냄으로써 진리에 대한 확실한 인식이 가능하다는 것이다.

그의 철학은 근대철학의 아버지라고 불리는 데카르트(Descartes)적인 방법으로 회의에서 출발하여 전개하였다. 이는 "모든 것을 의심할 수 있다." 그러나 여기에 "아무리 의심해도 의심할 수 없는 것이 있다."라는 회의에서 출발한다. 다시 말하면 곧 의심하고 있는 자기가 존재하며 자기가 의심할 수 있다는 사실에 관해서는 의심할 수가 없다는 것이다. 이와 같은 회의론적인 방법을 통하여 새로운 종류의 진리관을 확립하여 신학에 도입했다는 것이다.

우리가 의심하고 있다는 것은 우리 스스로가 진리를 가늠하는 잣대를 가지고 있으며 이에 따라 우리가 알고 있는 것이 잘못되었다는 것을 알 수 있다는 것이다. 그러면 진리라고 생각하는 잣대는 무엇일까? 그는 인간은 이성에 의해서 가늠할 수 있다는 것이다.

감각적인 지식은 잘못된 판단과 과오를 범할 수 있어서 매우 위험한 것이며 이성에 의한 판단은 불변적인 진리를 파악할 수 있는 충분한 능력을 지닌다는 것이다. 이는 진리라는 것은 인간의 내면에 이미 가지고 있다는 것이다. 따라서 외부에서 찾는 것이 아니라 인간 정신에 있다는 것이다. 이러한 정신은 하나님에게서 부여받았다는 것이다. 인간의 정신은 하나님에 의해서 이성적이며 지적인 능력을 부여받았다는 것이다. 이는 불변의 진리란 신에게서 비롯된다고 하였으며 이를 신의 조명설이라 주장했다. 조명설이라는 것은 인간의 정신이 그 자체의 힘을 발휘할 수 없으므로 하느님이 진리의 빛을 조명해야 알 수 있듯이 우리가 사물을 인식하기 위해서는 태양빛이 있어야 하듯이 하느님의 교리를 알기 위해서는 은총의 빛이 있어야 한다는 것이다.

그에게서 진리는 신의 정신 속에 있는 이러한 이념과 일치하며 이 이념들이 참된 본질을 형성하게 되며 그래서 "신이 진리다."라는 것이다.

신은 절대적인 진리이며 지고(至高)의 실재이자 만물의 원인이며 진선미의 근원이라는 것이다. 인간은 신에서 나왔으므로 신을 인식하는 길은 오직 신을 사랑하는 데 있다는 것이며 따라서 신앙을 도덕의 근본요건으로 하고 신앙에서 출발하지 않는 일체의 행동은 죄악이며 신앙에서 나온 행위만이 선이라는 것이다.

이러한 모든 주장은 신플라톤주의와 일치하며 이러한 원리가 기독교의 원리를 설명하는 데 공헌하였다.

#### c) 인간은 태어날 때부터 죄를 짓고 태어났다. [원죄설]

이는 성경에 나오는 아담과 하와의 예를 들고 있는데, 애초에 하나님은 흙에 생기를 불어넣어 아담을 만들었다. 또한 그의 갈비뼈를 가지고 그의 여자로 만들었으니 그가 바로 하와였으며 남자에게서 갈비뼈를 가져왔으므로 남자에게는 갈비뼈가 모자란다는 것이다. 하나님은 그들을 만물이 풍성한 에덴동산에 내려보내 잘살도록 하였고 선과 악의 나무만을 따먹지 말라고 신신당부를 하였으나 사악한 뱀의 유혹을 이기지 못해 그 나무의 열매를 따먹는 오류를 범하였다. 그것이 바로 선악의 나무열매였다.

이에 대한 벌로서 아담에게는 노동의 벌을 내렸고 하와에게는 출산의 고통을 주게 되었다. 다시 말하면 인간에게는 고통의 죄를 물어서 유토피아적인 낙원을 상실케 했던 것이다. 즉 출산의 고통과 죽음의 고통을 동시에 내려 죄를 물었던 것이다.

비록 하와가 뱀의 유혹을 이기지 못해 선악의 열매를 따먹었지만 그 책임을 아담에게 물어 그의 피를 받은 후손에게 예외 없이 죄를 물었다는 것이다. 따라서 인간의 피를 물려받은 인간은 태어날 때부터 죄인이라는 원죄설(原罪說)을 주장했다.

예를 들면 개인은 도둑질, 강도질, 강간, 사기, 협박 등 물리적인 죄가 아니라 본래부터 가지고 있는 죄라는 것이며 누구나 모든 사람에게 해당된다는 것이다. 인간은 원초적으로 죄를 가지고 태어났다는 것이다. 다시 말하면 사람이 살아가면서 도덕적으로나 윤리적으로 아무런 죄를 짓지 않았다는 것이 아니라 태어난 자체가 '죄인'이라는 것이다.

인간은 신의 피조물이라고 했다. 그러면 신은 자기의 피조물에게 왜 이런 고통을 주게 된 것일까?에 대한 반문을 할 수 있다. 답은 간단하다. 신은 다른 피조물과는 달리 자유롭게 선택할 수 있는 자유의지를 부여했기 때문이다. 이러한 자유의지를 인간이 잘못 사용해서 일어났다는 것이다. 하나님이 인간을 믿고 너무나 사랑하여 인간에게 부여했다는 것이다. 이것도 신의 뜻이라는 것이다.

인간은 신에게서 자유의지를 부여받은 만큼 선과 악을 잘 선택해서 살아갈 필요가 있다. 요즈음처럼 철학과 도덕을 상실한 세계에 살고 있는 한, 신이 부여해 준 자유의지를 악이 아닌 선으로 전환하여 선택된 삶을 살아가야 하며 곧 이런 삶이 하나님이 바라는 삶이 아닌가 싶다.

#### d) 기독교에서 이단이라는 것은 무엇인가?

우리는 하나님의 계시에 충실하기 위해서 교회에 다닌다. 우리가 종교를 믿는 것은 어느 종교에서나 인간의 공포나 불안감을 해소하기 위하여 신의 힘을 빌려 내세를 위한 목적으로 신앙생활을 한다. 이런 점에서 모든 종교의 목적은 같다고 볼 수 있다. 기독교의 천당이라든지, 불교의 극락이라든지 모두 다 이러한 목적으로 신앙생활을 하며 살고 있다.

그런데 똑같은 신앙생활은 도처에서 많은 종교적 분쟁을 일으키고 있다. 이러한 종교적 분쟁 중의 하나가 이단논쟁이다. 자기네가 정통교리이며 나 이외의 종교는 이단이라고 서로를 욕하고 있다. 이 틈을 타서 새로운 종교가 생겨나는데 이를 두고 기존의 종교인들은 또한 그들을 이단이라고 한다.

이러한 이단에 관해서는 하루아침에 일어난 것은 아니다. 태초에 종교가 생겼을 때도 마찬가지였을 것이다. 미신과 토테미즘 등이 생긴 이후로 우리가 믿는 종교는 기존의 종교를 거부하며 전통을 계승하고 있기 때문이다. 기존 종교의 교리는 그 사회의 문화와 관습에 맞지 않는다는 미명 아래 서로를 멸시하고 혹은 각 종파 간의 교리싸움으로 얼룩진 역사를 담고 있었기 때문이다. 그렇다면 기독교에서는 이단이라는 것이 어떤 것일까? 이 책에서는 몇 가지만 적고자 한다.

첫째,『성경』의 내용을 보태거나 빼서 자기에게 유리한 말로 신도들을 현혹하는 종교는 이단이라는 것이다. 다시 말하면『성경』의 권위를 부정하거나 자기 멋대로 해석하여 신도들을 모으는 경우가 허다하다.『성경』의 말씀을 더하지도 말고 덜하지도 말고 예수의 말씀을 있는 그대로 전달하라는 것이다. 또한『성경』의 말씀보다 어떤 개인의 사상이나 이념을『성경』을 통해 전파하는 것을 일삼는 행위도 이단이라는 것이다. 이를 믿게 하여 신도들을 유혹하거나 재산들을 바치게 하여 사회의 많은 문제점을 낳기도 한다는 것이다. 이들은 허황된 말로 거짓 예언을 함부로 하여 신도들을 불안하게 함으로써 그러한 약점을 이용하여 재산을 갈취하는 경우이다. 우리는 이와 같은 행위를 신문, 방송 혹은 다른 매체를 통하여 종종 접할 수 있다.

둘째는 어떤 행위를 강압적으로 강요하는 것은 모두 이단이라는 것이다. "~하면 절대 안 된다."라는 식의 종교는 앞에서 설명했듯이 기독교적인 설명이 아니라는 것이다. 기독교는 엄격한 율법을 강요하지도 않기 때문이다. 가령 무슨 날에는 무슨 음식을 먹으면 큰일이 난다거나 주일에는 반드시 헌금을 해야 한다거나 하는 식의 강요는 하지 않는다는 것이다. 종교는 신도들에게 편안한 안식과 평안을 통해 참된 자유를 주어야 하는데 이를 통해 율법적이라는 것을 내세워 오히려 그들의 자유를 속박해서는 안 된다는 것이다.

셋째는 선민사상을 내세워 자기만을 우월하게 하는 식의 종교적 활동은 분명히 이단이라는 것이다. 왜냐하면 기독교는 유대교와는 확연히 다르기 때문이다. 그들은 신도든 아니든 혹은 백인이든 흑인이든 남녀노소를 구분하지 않는 이타적인 사랑으로 생겨난 종교이기 때문이다. 따라서 이 세상에 자기만이 구원을 받았다. 우리 민족만이 구원을 받아 살아남을 수 있다는 식으로 신도들을 옭아매는 종교는 이단이라는 것이다. 신도들을 옭아매어 자신들의 왕국을 건설하려는 행태가 곳곳에서 일어나 사회적인 문제를 야기하는 경우도 종종 일어나는 것이 사실이다.

넷째는 기독교는 전도를 할 때 예수를 믿지 않는 사람들을 상대로 전도를 한다는 것이다. 이미 예수를 믿는 자들을 자기의 교회에 데리고 가서 재산을 불리거나 신도 수를 늘리는 행위는 하지 않는다는 것이다. 다시 말하면 다른 교인들을 꾀거나 현혹해서 자기편으로 끌어들이지는 않는다는 것이다. 왜냐하면 예수를 믿는 것은 장소의 구애를 받지 않고 예수님의 말씀을 들을 수 있고 예수님의 말씀은 어느 교회나 같기 때문이라는 것이다.

다섯째는 예언이나 종말론을 외치는 종교는 이단이라는 것이다. 우리는 예언이나 종말론을 외쳐서 신도들을 공포로 몰아붙여 사회를 혼란스럽게 하는 경우를 종종 보았을 것이다. 이를 통해 신도들을 현혹시켜 가정도 직장도 그만두게 하거나 집단자살로 이끌거나 재산을 바치게 하거나 하는 행위는 전혀 하지 않는다는 것이다. 또한 이들 가운데 예수가 재림한다는 명목하에 신도들을 모으는 행위도 심심찮게 일어난다. 오늘날 사회가 위기에 처하거나 불안정할 때 이런 경우가 많다는 것이다. 지금도 예수를 자처하면서 기다리는 인물들이 많다는 데서 문제가 심각하다. 그들은 언제든지 내려올 준비가 되었다. 이 사회가 불안하면 불안할수록 더욱 빠르게 우리 곁에 내려와서 인간을 현혹시킬 준비가 되어 있다는 것이다.

여섯째는 기적이 너무 쉽게 일어난다는 식의 전도를 하는 행위는 분명 이단이라는 것이다. 물론 예수님의 경우 기적을 이룬 경우도 『성경』에서 많이 볼 수 있다. 그러한 것은 신앙심으로 가능한 것이지 육체적으로 불안한 상태를 이용하여 우리 교회에 오면 쉽게 고칠 수 있다는 식의 경우는 이단이라는 것이다. 어떤 교회에서 "우리 교회는 기적을 이룹니다", "아픈 자들을 모두 고쳐드립니다"는 식의 현수막이 종종 걸려 있는 경우를 볼 수 있다. 이런 식은 교회가 할 수 있는 일이 아니다. 단지 교회는 그들의 마음의 안식처가 되어 기도를 통해 기적을 행할 수 있도록 하는 것이다. 기적이 항상 일어나는 것은 아니다. 기도를 통해 신앙심이 갖추어진 사람에게만 올 수 있다는 것이다. 어느 교회의 어느 목사가 병을 잘 고친다는 식의 전도는 분명히 이단이라는 것이다. 예수를 믿으면 무조건 기적이 온다는 식의 기복주의를 외치는 교회의 목사는 반드시 이단이며 차라리 병원을 차려 치료하는 의사가 할 일이다.

기독교는 참된 신앙을 통하여 예수님의 말씀대로 행하고 실천하는 종교이다. 그러나 사회가 불안하거나 정치적인 안정을 갖지 못할 때는 분명히 이단이 우리 곁을 쉽게 찾아올 것이다. 자신의 욕망을 위해 교회를 이용하거나 신도들을 유혹하는 행위는 절대 해서는 안 되는 행위이며 신앙심을 통해 마음의 안식처를 삼아 예수를 닮아가는 종교라 할 수 있다. 우리는 이를 분명히 기억해야 한다.

### 2) 교과내용을 중시한 스콜라철학

중세 후기에 대두된 스콜라(Schola)철학의 뿌리는 교부철학자들에게서 발견되고 있지만 원리는 보이티우스에 의해 형성되었다고 볼 수 있다. 기독교가 자기 팽창을 위해 일으킨 십자군 전쟁은 동, 서문화의 교류를 가져왔으나 이는 오히려 기독교 신앙을 약화시키는 결과를 가져왔다.

이로 인하여 기독교의 교리가 오히려 회의를 품었으며 신은 전지전능하고 절대자가 아니며 교황도 더 이상 신을 대리하는 절대적 권위자도 아니며 교회도 더 이상 유일한 구원의 장소도 아니었다. 새로운 문물로 인하여 기독교의 뿌리가 흔들렸던 것이다.

이러한 때 교회의 지도자들은 기독교 교리의 우월성과 정당성을 논증하기 위해 노력한 사람들이 교부철학자들이었으며 스콜라철학자들이었다. 위에서 언급하였듯이 교부철학은 교회의 교의 확립에 힘을 쏟았다면 스콜라철학은 이와 같은 교리, 교의를 철학적으로 논증하여 학문적, 논리적 근거를 마련하는 것이 주된 임무였던 것이다.

원래 스콜라라는 이름은 중세유럽, 수도원에서 설립된 학교에서 성직자들을 교육하고 지도하는 목적으로 생겨났다. 스콜라철학의 창시자는 안셀무스(Anselmus, 1033~1109)이며 토마스 아퀴나스(Tomas Aquinas)가 완성했다. 안셀무스는 신앙은 인식에 선행하여 존재하며 신앙을 통해서 인식에 도달해야 한다고 했으며 이 주장은 스콜라철학의 가장 기본적인 방법이다. 다시 말하면 새로운 진리를 발견하는 것보다 이미 『성경』에 계시된 진리에 대해 어떻게 하면 합리적으로 뒷받침할 것인지를 위해 철학을 사용했다는 것이다. 철학의 고유한 탐구영역을 통해 오직 신학을 위한 합리적 근거로 사용하는 데 목적을 두었던 것이다.

스콜라철학은 '신앙의 이해'가 그 목표였다. 교회가 믿는 신앙이 이성에 의해서도 이해될 수 있다는 것을 보이고자 했다. '스콜라(Schola)'라는 말은 원래 성직자를 양성하는 '교회의 부설학교'라는 뜻이었는데, 이 학교 교사들의 활동에 의해 스콜라철학이 이룩되어 이들의 철학을 스콜라철학이라 부른다. 카롤링거 왕조 때 일어났던 문예와 종교의 부흥에서 기원했으며, 11세기에 와서는 수도원들에서 부활했고, 대성당에 의해 운영되는 학교들에서도 부흥되었다. 12세기 말과 13세기에는 대학들에서 스콜라주의 신학활동이 전개되었다. 중세에 있어서는 철학이 곧 신학이었고 중세의 신학을 스콜라철학이라 부를 만큼 스콜라철학이 중세 학교들과 학자들의 전형적인 사고형태였지만 모든 학교와 모든 학자가 '스콜라적' 이지는 않았다.

이 입장에 기초해 그는 다음의 두 가지 방식으로 신의 존재를 증명하고자 하였다. 하나는 존재론에 의한 증명이고 다른 하나는 원인에 대한 설명을 통해서 증명하자는 것이다. 존재론에 의한 증명방법은 이 세상에서 가장 완전히 존재하는 것은 '신'이라는 것이며 따라서 완전한 존재자는 완전하기 때문에 실재적이고 따라서 '신'은 존재한다는 것이다. 원인에 대한 설명으로는 만물은 반드시 존재하는 원인이 있는데 그 마지막의 존재는 바로 신이라는 것이다. 즉 존재원인을 찾다 보면 최후의 존재원인이 남는데 그가 바로 신이라는 것이다. 따라서 신은 존재한다는 것이다. 그는 이러한 존재의 증명을 통해 스콜라철학의 기초를 정립한 인물이었다.

다시 말하면 기독교 신앙이 이성에 맞는 것이냐? 아니냐?에 초점을 두는 것이 아니라 철학적으로 신앙에 맞아떨어진다는 것이며 도리어 신앙의 입장에서 모든 것을 해석한다는 것이다. 이로 인해 철학은 신학의 시녀라는 말이 생겨났을 정도로 신학은 철학을 철저히 이용했다.

### a) 대단한 고집쟁이로 소문난 교회박사, 토마스 아퀴나스 (Tomas Aquinas, 1225~1274)

토마스 아퀴나스(Tomas Aquinas, 1225~1274)는 중세철학에 있어서 스콜라철학을 완성하고 중세 신학을 완성한 진정한 스콜라철학의 창시자이다. 앞에서 말했듯이 교부철학과는 다르다고 설명을 했다. 이는 교부철학이 완성해 낸 기독교 교리를 철학적 근거로 논증하는 학파였다. 그는 사망 후에도 그의 영향력을 인정받아 사후(死後)에 '교회박사'로 칭송받을 정도로 추앙받은 인물이었다. 교회박사의 칭호는 탁월한 학식이외에 생활도 성스러워야 하며 교황이나 세계공의회를 통해 인정받아야 할 만큼 공인된 것이다.

아퀴나스는 이탈리아의 나폴리 근처인 로카세카(Roccasecca)의 귀족집안에서 태어났다. 그의 학문적 성과를 생각하면 매우 야위고 신경질적인 모습을 상상하지만 그런 인상과 달리 엄청난 체구를 지닌 사람으로 매우 우직하고 황소고집을 가졌다고 그의 자서전에 나타나 있다. 그는 14세 때 나폴리로 가서 대학에 들어가 철학을 전공하였으며 도미니코수도회에 들어가 탁발승이 되었다. 이로 보아 괴팍하고 우직한 성격의 소유자였을 거라고 추정할 것이다. 왜냐하면 귀족집안에서 태어나 탁발승이 되는 것이 흔치 않았고 부모님의 바람은 장차 명망 있고 훌륭한 수도원장이었던 것으로 보아 보통 성격의 인물이 아닌 것 같다는 것이다. 그는 부모님의 만류로 수도원학교에 보내져 학문에 대한 기초를 쌓았고 나폴리 대학에서 아리스토텔레스의 학문을 접했다.

부모님이 탁발승을 방해한 일화가 있다. 그가 탁발승이 되지 못하게 외딴섬에 가두거나 형은 아름다운 여인을 보내 아우의 마음을 되돌리려 하였으나 부탁을 받은 여인은 그를 보자마자 기겁을 했다는 것이다. 왜냐하면 몸집이 크고 젊은 남자가 벽난로에서 방금 끄집어낸 불을 들고 자신을 향해 다가왔기 때문이다.

그의 삶을 전환하게 만든 이는 바로 당대 최고의 신학자이자 철학자인 알베르투스 마그누스(Albertus Magnus, 1132~1280)였으며 그의 지도를 받았다. 그는 파리 대학에서 재직 중이었으며, "현자이며 만인의 스승"이라 불렸다. 우직하고 말이 없는 거구의 아퀴나스를 매우 총애하였으며 학생들도 그에게 호감을 느꼈으며 말이 없고 체구가 매우 크다고 해서 그를 '벙어리 황소'라고 조롱했다. 그를 변호하는 알베르투스 마그누스는 학생들에게 이렇게 이야기 했다. "너희는 토마스를 벙어리 황소라 부르고 있다. 그러나 너희에게 말하건대 이 벙어리 황소가 한번 울부짖으면 그 소리의 진동은 전 세계에 울려퍼질 것"이라고 그를 변호했을 정도로 그를 총애했다는 것이다.

그는 27세에 파리 대학의 교수로 추천받을 만큼 실력을 갖추었으며 이에 대한 반발도 만만치 않아서 군인들이 경계를 설 정도였다. 그는 말년에 교수직을 후임자에게 넘겨주고 저술활동에만 전념하여 항상 수면 부족으로 고통받았다고 한다. 그의 대표작은『신학대전』,『철학대전』이다. 그리고 무엇보다도 아리스토텔레스의 저술에 대한『주해서(註解書)』를 들 수 있다. 아리스토텔레스의 저서인『자연학』,『니코마코스 윤리학』,『형이상학』,『영혼에 대하여』 등에 주해서를 저술했다는 것이다. 실로 방대한 양이며 이 저술을 완성하기 위하여 항상 수면 부족으로 고통받았던 것으로 알려졌다. 그는 죽은 후 50여 년이 지난 후에 성인의 반열에 올랐고, '천사박사(天使博士, Angelicus)'라는 존칭을 받았다.

아퀴니스는 아리스토텔레스의 질료(matter)와 형상(form)의 관계를 통하여 스콜라철학을 집대성할 정도로 그의 철학적인 사상과 방법론에 대하여 조예가 매우 깊었으며 사상의 토대가 된 것은 사실이다. 즉 아리스토철학에 대한 신학적 분석을 통하여 스콜라철학을 완성시켰다는 것이다.

### 철학과 신학은 어떻게 다른가? 철학은 신학에 종속되어야 한다.

중세철학에서 항상 관심을 둔 것은 신과 이성을 어떻게 조화롭게 결합하느냐에 있었다. 이에 대하여 철학자는 인간의 이성에 의해 인식되는 원리들을 수용하여 이에 따른 추론의 결과를 결론으로 이끈다. 이에 비하면 신학자는 이성을 사용하기는 하지만 권위나 계시된 원리들을 자신의 원리로 받아들이며 신학에 변증론 혹은 호교론(護敎論)을 도입하는 것이 신학 자체를 철학으로 돌려버린 것은 아니다. 이는 신학자들이 받아들인 원리들은 신앙에 근거하여 받은 계시이기 때문에 철학적인 논증에 의해서 받아진 결론은 아니라는 것이다. 다시 말하면 신학자는 자신에게 계시하신 하나님으로부터 출발한다는 점에서 철학자와는 다르다는 것이다. 그들은 경험의 세계에서 출발하여 이성에 의해 피조물을 통해 알 수 있다는 것과는 확연히 차이가 있다는 것이다. 이와 같이 철학은 인간이성에 의해 발견된 원리에서 출발하는 데 반해 신학은 무조건 계시를 받아 신앙의 문제로 돌리는 원리들을 이성적으로 정리한다는 것이다.

신학과 철학의 차이점은 감각적인 경험의 직접적인 대상에서 시작하여 더욱 보편적인 개념으로 추론해 가며, 정신은 존재의 최고 원리나 제일 원리들을 바라보면서 결국 신의 개념에 이르는 반면에 신학은 신에 대한 신앙에서 출발하여 모든 사물들은 신의 피조물이라는 것으로 나아간다는 것이다. 사물에 대한 본질을 합리적으로 설명하여 결론에 이끌어 나가는 것이 철학이라면 신학은 계시적인 지식에 기반을 두어 자신들의 결론을 이끌어낸다는 것이 차이가 있다.

이렇게 본다면 두 영역 사이에는 결코 모순된 것이 존재하지 않는다. 종교적 진리가 이성을 초월한다고 해서 이성에는 변함이 없다는 것이다. 두 학문은 분명히 상호보완적이라는 것이다.

그러나 스콜라철학자들은 어느 한 가지를 선택한다면 신학이 철학에 우선되어야 한다는 것이다. 왜냐하면 신이 존재한다는 사실은 추론할 수 있을 뿐이지 감각적으로는 신의 근본 본질을 알 수 없다는 것이며 특히 신앙과 관련 분야에서는 이성으로 관찰될 수 없기 때문이다.

다시 말하면 초자연적인 사실이나 진리에 대해서는 증명할 수 없고 다만 그 논리를 반박할 수 있다는 의미에서 신학이 우선시되어야 한다는 것이다. 여기에서 초자연적인 진리는 예수가 처녀의 몸에서 탄생했다거나 죽은 자를 살리는 기적을 행하는 일은 철학으로는 설명이 불가능하며 오로지 반박만 할 수 있다는 것이다. 그러나 신학은 이성보다도 계시를 믿고 있어서 광범위하게 우위를 점하고 있다고 생각한다.

또 한 가지를 들자면 철학은 신을 인식하는 데 목적을 두고 있다는 점이다. 이를 다시 말하면 스스로가 신학을 위해 존재한다는 것이다. 이 세상에 존재한 철학의 목적은 신을 이해하고 이론적으로 뒷받침하게 되는 학문이라는 것이다. 신학에 어긋나는 것은 거짓이며 제거되어야 하며 철학을 비롯한 모든 학문은 철학에 예속되어야 한다는 것이다. 왜냐하면 신앙은 이성의 위에 위치하고 있어서 이성을 완성하며 그에게서 신학은 목적이며 철학은 수단이라는 것이다.

### 하나님의 존재를 증명하다.

중세철학의 가장 근본적인 문제는 신을 어떻게 증명하는가에 있다. 왜냐하면 신이 있어야 교회로 인도하며 하나님의 말씀을 실천하고 행동할 수 있어야 한다는 것이다. 무조건 하나님이 있으니 예수를 믿으라는 말은 통하지 않기 때문이다. 다시 말하면 깊은 바다에 인어가 있으니 들어가라는 말과 똑같다는 것이다. 인어의 존재를 믿어야만 찾아가 보려는 확신이 서듯이 무작정 가보는 바보 같은 짓은 하지 않는다는 것이다. 아퀴나스는 신에 이르는 다섯 가지의 논증을 간결하고 의심함이 없이 모범적으로 제시했다.

안셀무스가 신을 존재론적으로 증명하듯이 '그보다 더 위대한 것은 생각할 수 없는 완전한 존재다.'라는 식의 증명방법을 사용하지 않고 아리스토텔레스의 관점을 사용했다. 다시 말하면 먼저 감각적인 대상을 분석하고 난 뒤에 그 대상이 존재하기 위해서는 유한한 원인이 필요하고 그 원인이 신이라는 것이다. 즉 무에서는 아무것도 나오지 않는다는 것이다. 이러한 증명이 첫째인 운동에서 찾으려고 했다는 것이며 아리스토텔레스의 질료와 형상으로 가능태와 현실태로 찾으려고 했다는 것이다.

첫째, 우리는 감각적 지각을 통해 이 세상에 있는 것들이 움직여지고 있고 "움직여지는 모든 것은 다른 것에 의하여 움직여지고 있다"는 것을 알게 된다. 이렇게 소급하다 보면 자기 자신은 다른 것에 의해 움직여지지 않으면서 다른 모든 것을 움직이는 최초의 '부동의 운동자(unmoved mover)'에 이르게 된다. 그는 "이 최초의 운동자를 모든 사람들은 하나님이라고 이해하고 있다"고 말한다. 다시 말하면 현실태에 있는 것은 그 자체로서는 움직이지 않고 모든 가능태는 현실태로 움직일 수 없다는 것이다.

따라서 움직이는 것은 어떤 동인(動因)에 의해서 움직여지며 결국 끝에는 움직이지 않으면서 다른 것을 움직이는 것이 존재하는데 그것인 신이라는 것이며 그의 저서 『신학대전』에서 주장하고 있다. 이것은 운동인(運動因)을 통한 증명방법이다.

둘째는 첫째인 운동인(運動因)과 반대로 작용인(作用因) 혹은 동력인(動力因)에서 찾았다. 모든 사물은 감각적인 세계에서 출발하고 작용인의 질서와 계열에서 시작하고 있다. 이는 어떠한 것도 자기 자신이 원인이 될 수 없다는 것이다. 따라서 자기 자신이 원인이 되기 위해서는 어떤 다른 원인을 가정해야 한다는 것이다. 여기에서는 작용인(作用因)의 계열에서도 무한히 소급되는 것은 불가능하기 때문에 하나의 최초의 작용인(作用因)이 존재할 수밖에 없다는 것이다. 이 최초의 작용인이 신(神)이라는 것이다.

다시 말하면 모든 결과에는 원인이 있고 그 원인을 무한히 소급할 수는 없다. 왜냐하면 모든 작용인(efficient causes)에는 계층이 있어 최초 원인은 중간 원인의 원인이고 중간 원인은 최후 원인의 원인이기 때문이다. 그 최초의 작용인이 하나님이라는 것이다.

세 번째는 어떤 존재자는 생성하고 소멸한다는 것이다. 자연의 모든 존재는 생성되고 소멸한다. 이는 그 존재가 필연적인 존재가 아니라 존재할 수도 있고 존재하지 않을 수도 있는 우연적 존재임을 말해준다. 왜냐하면 만일 그 존재자들이 필연적이라면 항상 존재했을 것이며 생성이나 소멸하지도 않는 것이라는 것이다. 이런 우연적 존재가 존재하기 위해서는 필연적으로 어떠한 필연적 존재가 존재해야 한다. 이 필연적인 존재가 바로 하나님이라는 것이다.

이를 쉽게 표현한다면 이 세상의 우연한 사물에서 필연적으로 가는 과정에서 찾았다. 이 세상에 우연히 존재하는 것은 없다는 것이다. 반드시 필연적인 존재가 있으며, 없다면 아무것도 존재하지 않는다는 것이다. 다시 말하면 우연한 것이 생기려면 반드시 필연적으로 존재하는 것이 있어야 하는데 이 필연적인 것이 신 혹은 하나님이라고 부르는 것이며 마땅히 신이 존재하는 것이다. 이것이 필연적인 존재방식으로서의 증명방법이라 할 수 있다.

넷째 방법은 이 세상에 있는 모든 사물들은 완전성, 신성, 진리의 질적인 수준이 다르다. 이런 사물들의 등급은 비교판단을 가능케 하는 어떤 객관적 근거인 완전하며 최선의 진리가 있다는 것을 암시한다. 즉 이 우주에 비교의 바탕이 되는 가장 위대한 존재가 하나님이다.

이것을 말하자면 개별적인 존재자들이 갖고 있는 완전성을 향한 단계적 구조에서 찾았으며 이 증명은 우리가 갖고 있는 진, 선, 미 또는 존재의 완전성이 어느 정도인가에 대한 문제라고 할 수 있다. 모든 사물은 완성도가 서로 다르다는 것을 의미하고 서로 비교가 가능하다는 것이다. 예를 들면 이 꽃은 저 꽃보다 아름답다든지, 김밥은 맨밥보다 맛이 있다든지, 이 원은 저기에 있는 원보다 더욱 동그랗다든지 서로 비교 대상이 다르며 어느 정도의 차이는 반드시 존재한다는 것이다. 따라서 각각의 사물은 최고가 존재하는데 그중에서도 완전성에 있어서는 신과는 비교할 수 없다는 것이다. 신이라는 존재가 가장 진실하고 선하고 아름다우며 모든 분야에서 완전하기 때문이라는 것이다.

다섯째는 목적론적 증명방법이다. 자연물들은 모두 어떠한 최선의 결과를 얻기 위해 항상 또는 거의 언제나 같은 방향으로 행동한다. 이것은 우연이 아니라 계획적으로 그들의 목적을 성취한다는 것을 말해준다. 그렇다면 그 모든 자연물에게 그들의 목적을 지시하는 이지적 실체가 있어야 하는데 그가 바로 하나님이다.

토마스 아퀴나스는 우주의 모든 만물이 한 치의 오차도 없이 질서정연하게 움직이는 것은 신이 그렇게 하고 있다는 것이다. 이는 자연물들, 특히 무생물들은 인식능력이나 지성이나 이성을 갖고 있지는 않지만 하나의 목적을 향해 분명히 똑바로 가고 있다는 것이다. 이렇게 하여주는 존재, 이끈 존재가 분명히 있다는 것이다. 이것이 바로 신 혹은 하나님이라는 것이다.

예를 들면 태양계의 행성들이 태양을 향해 톱니바퀴처럼 움직이고 있다. 만약 이와 같이 움직이지 않는다면 이 지구는 어떻게 될까? 상상만 해도 아찔할 것이다. 만약 아무런 제지 없이 제멋대로 움직인다면 이 지구는 충돌해서 인간은 살지 못했을 것이다. 그렇다면 이렇게 가능하게 하는 존재가 누구란 말인가? 아퀴나스에 의하면 이 세상에 존재하는 모든 만물은 하나의 목적으로 가게끔 하는 어떤 존재자가 분명히 있다. 다시 말하면 그렇게 하라고 존재하는 이가 바로 존재하는데 이것이 바로 신이라는 것이다.

이런 증명방법을 통하여 신의 본질, 신은 어떠한 존재인가를 밝혔다. 그는 신은 모든 다른 존재들의 상위이며, 생성과 소멸이 없어 영원해야 하며, 필연적이고 절대적이며 가장 완전해야 한다는 제1원리이다. 따라서 신은 하나만이 존재한다는 것이다.

### 인간은 누구나 실현하고자 하는 것이 행복이다. 행복론

앞에서도 말했듯이 아퀴나스의 철학은 아리스토텔레스의 철학에서 많은 영향을 받았다고 했다. 따라서 그의 윤리관은 아리스토텔레스의 윤리사상에 근거하여 그리스도교의 사상인 '신의 은총'에 바탕을 두고 있다는 것이다.

따라서 그의 윤리사상은 인간의 '자연적 본성'과 '신의 은총'을 잘 조화시키려는 의도를 가지고 있다.

아리스토텔레스의 자연적 본성은 이성을 중요시한다는 것과 마찬가지로 아퀴나스도 이성을 강조한다. 따라서 인간은 신의 피조물이기 때문에 신을 추구하기를 바라며 신을 향해 가려는 것이 이성적 존재로서의 인간이라는 것이다. 마치 아리스토텔레스가 인간은 이성적인 존재이므로 이성이 향하는 데로 가야 하는 것처럼 말이다.

따라서 두 학자는 인간의 목적은 행복의 실현에 있으며, 그렇게 하기 위해서는 도덕적 생활을 해야 한다는 것은 일치한다. 그러나 아퀴나스는 약간의 차이를 보이는데, 그의 이론에다 신의 원리를 덧붙였다.

도덕은 인간의 자연적인 목적과 초자연적인 목적에 대응하여 이루어진다는 것이다. 인간은 육체를 가지고 있기 때문에 눈에 보이는 것을 통해 욕구와 욕망을 일차적으로 추구한다. 마치 배고프면 무엇이든 먹게 되는 것처럼 말이다. 그리고 눈에 보이는 것을 통하여 사물의 진리를 알고자 한다. 다시 말하면 지식을 습득하게 된다는 것이다.

지식이라는 것은 이러한 것을 통하여 자신에게 쾌락적이고 선한 것으로 생각하며 그렇지 않은 것은 불쾌하고 추한 것은 지식이라고 하지 않는다는 것이다. 그러나 인간은 이성을 통해 지식을 습득하지만 무엇보다도 선택의지가 있다는 것이다. 아무리 어떠한 지식을 습득했다고 하더라도 선과 악, 미와 추 등을 선택하려는 의지가 있어야 한다는 것이다.

따라서 올바른 선택을 한다면 행복이 되고 잘못된 선택을 한다면 인간은 불행해질 수밖에 없다는 것이다. 그러나 인간은 모든 사항들을 올바로 선택할 수는 없다는 것이다. 선택의지를 잘할 수 있는 무엇인가를 필요로 한다는 것이다. 그것이 바로 지성이라는 것이다.

이러한 지성은 인간이 가질 수 있는 최상의 능력이라는 것이다. 그러나 지성이라는 것도 무엇인가 부족한 느낌이다. 왜냐하면 지식이라는 것은 경험적인 것을 요구하고 있다는 점에서는 부족하다는 것이다. 인간의 욕구는 경험적이고 자연적인 이상의 것을 요구하기 때문이다. 가령 눈에 보이는 것, 책이라든가 연필이라든가 혹은 무엇이 아름답다는 것을 인식하는 것도 중요하지만 우리가 알지 못하는 초자연적인 것, 신이 존재한다, 우주는 어떻게 생성되었을까? 에도 지식에 대한 욕구가 반드시 있다는 것이다. 다시 말하면 의지나 지성은 우리의 지식에 대한 욕구를 충분히 채워줄 수는 없다는 것이다. 인간의 영혼을 채워줄 수 있는 보편적인 진리는 없다는 것이다. 따라서 지성은 우리에게 가장 적합한 선을 찾도록 유도하는데 그것이 바로 신이라는 것이다. 따라서 인간의 최선의 진리를 찾는 것이 신이며 이것을 향할 때 행복이라는 것이다. 자연적인 것에 대한 선의 욕구, 부, 명예, 쾌락, 물질, 지식 등은 인간이 추구하는 보편적인 선을 추구하고 있지는 않다는 것이며 완전한 행복이라는 것은 보편적이고 완전하고 절대적인 선을 갖고 있는 신(神) 안에서만 가능하다는 것이다.

### 자연법에 따르라. 자연법사상

아퀴나스에 따르면 도덕이라는 것은 행위를 규정하는 것들을 임의적으로 모아놓은 집합체가 아니라는 것이다. 가령 도둑질하지 말라, 거짓말을 하지 말라, 강간하지 말라 등의 일련의 사항들을 나열만 하는 것이 아니라는 것이며 여기에는 반드시 의무가 따른다는 것이다. 이러한 것은 인간이 도덕적인 규율을 행하기 위해서는 어떤 제약이 따른다는 것이며 행위의 구속을 이야기하는 것이다. 다시 말하면 선택을 함부로 할 수 없도록 어느 정도의 구속력을 두는 것이라 하겠다. 이것이 바로 자유의지의 제약이라 할 수 있다. 따라서 이것에 어느 정도 제약을 둠으로써 도덕적 행위를 할 수 있다는 것이다. 앞에서 이야기했듯이 우주에 있는 모든 만물은 신의 목적론에 따라 움직인다고 신을 증명하는 데서 설명하였다.

우리의 행위는 영원한 법칙에 따라 이루어지는데 그것을 인도하는 것이 신이라는 것이다. 이러한 영원한 법칙은 인간의 기본적인 자연적 성향(inclinationes naturales)과 일치한다. 인간이 가지는 자연적인 성향은 선을 추구하고 악을 멀리하면서 완성된 인간을 향하는 성향을 말하며 이것이 신으로부터 부여받은 것이라는 것이다.

따라서 아퀴나스는 인위적으로 생겨난 법을 중시하는 것이 아니라 인간이 원래부터 소유하고 있는 법인 자연법에 따르도록 명령한다는 것이다. 왜냐하면 인간은 신의 피조물이기 때문에 신에게로 향하려는 욕구가 있다는 것이다. 이러한 자연법은 이성의 명령이고 이러한 이성은 신에게로부터 부여받았다는 것이다.

가령 인간이 임의적으로 만들어놓은 법, 수업시간에 소란스럽게 하지 말라, 지각하지 말라 등이 여기에 속하며 이런 도덕들은 자연상태에서는 해당되지 않는다는 것이다. 그러나 자연법은 자연적으로 있는 법, 누구나 상황에 관계없이 적용되는 법, 예를 들면 살인하지 말라, 남의 것을 도둑질하지 말라 등은 누구나 소유하고 있고 자연적으로 원래부터 우리가 하지 말라고 명령하고 있는 법이다. 이를 자연법이라고 한다.

이는 신이 모든 사물을 창조하였기 때문에 신은 완전하고 절대적인 존재이므로 피조물인 인간에게도 소유하고 있다는 것이다. 자연법은 신과 동일하며 인간의 본질과도 일치하고 있다는 것이다.

아퀴나스는 이러한 맥락에서 법을 규정해 놓았는데 영원법, 자연법, 인정법, 신법으로 나누었다.

영원법(永遠法)이라는 것은 신이 규정하고 계획된 법으로 위에서 말했듯이 우주의 만물은 신에 의해서 움직여진다는 것으로 어느 누구도 어길 수 없는 영구법이라 할 수 있다. 다시 말하면 신이 영구적으로 계획된 법이라는 것이다. 예를 들면 지구가 일정한 속도로 태양계를 도는 것과 마찬가지로 자연의 법칙을 말한다는 것이다.

자연법(自然法)은 우주의 삼라만상과는 달리 인간세계의 보편적인 법을 말한다. 인간사회의 위계와 질서를 규정하도록 한 보편적인 법을 말하며 신이 부여해 준 법을 말한다. 따라서 이성만이 이 자연법을 인식할 수 있고 인간사회의 토대가 되는 영원하고 불변하는 법을 말한다.

인정법(人定法)이라는 것은 불문법(不文法)과 대치되는 개념으로 성문법(成文法)을 말한다. 우리는 도덕이나 관습이나 인간의 본성만으로는 세상을 살아가는 데 어려움이 많다는 생각을 할 것이다. 왜냐하면 이것에 따라 살아가고 싶어도 주위의 여건이나 인간의 욕망 등이 방해하기 때문이다. 따라서 이러한 것을 제한하기 위해서는 자연법으로는 불충분하다는 것이다. 인간사회의 질서를 유지하기 위해서는 인간에 의해 제정된 법이 필요하다는 것이다. 이러한 법은 인간의 공동선(common good)을 실현하기 위해서 제정된 법이라 할 수 있다.

인정법은 우리 인간의 질서와 위계를 위한 법이지만 잘못 사용하였을 때는 사회적인 문제들을 야기한다는 것이다. 이러한 법이 정의롭지 못하거나 권력에 의해서 잘못 사용될 시에는 부정부패와 쿠데타 등 소수의 사람들에게 매우 유리하게 사용되어 공동선이라는 목적에 훼손될 수 있기 때문이다.

마지막으로 신법(神法, divina)이라는 것은 신이 부여해 준 법, 다시 말하면 신의 계시에 의한 율법이라는 것이다. 다시 말하면 [성서]에서 규정된 법으로 신의 은총에 의한 선물이며 계시에 의한 법을 말한다. 가령 "심령이 가난한 자는 복이 있나니 천국이 그들의 것임이요, 애통해 하는 자는 복이 있나니 그들이 위로를 받을 것임이요, 온유한 자는 복이 있나니 그들이 땅을 기업으로 받을 것임이요, 의에 주리고 목마른 자는 복이 있나니 그들이 배부를 것임이요"라고 말하고, "너희는 세상의 소금이 되라"고 충고한다. 이와 같은 신의 계시에 의해 만들어진 법을 말한다.

아퀴나스가 네 가지 법들 가운데 이상적으로 권고한 법은 자연법이다. 인간사회의 질서유지를 위해서는 인위적인 법을 따르라는 것이 아니라 우리의 본성을 완전히 도덕적으로 만드는 데 가장 이상적인 법이 자연법이라는 것이다. 즉 우리 인간이 본래적으로 가지고 있는 자연법에 충실하라는 것이다.

### 폭력으로 국가를 전복해서는 안 된다. 정치철학

아퀴나스의 정치이론은 국가론과도 밀접하게 관련되어 있으며 국가를 교회 아래 놓았으나 아리스토텔레스의 영향을 받아 자연적인 제도로 파악되었으며 교회와는 대립되는 것이 아니라 신의 의지에 따라 국가가 존재한다고 하며 교회와는 별개의 목적으로 보았던 것이다.

중세시대 최고의 권력자는 왕도 아니고 귀족도 아닌 교황이었다. 교황은 기독교인들의 배경을 삼아 당시에는 권위가 절대적이었으며 왕을 위협할 정도로 막강한 지위에 있었다. 근대국가가 형성되기 전까지 중세는 기독교의 바탕 위에서 사회, 문화, 종교, 교육 등이 이루어졌기 때문에 교황의 권위와 지위는 당연할 것이다. 따라서 토마스 아퀴나스의 정치철학도 기독교를 바탕으로 하여 전개되었으며 당시에 많은 영향을 끼쳤다고 볼 수 있다.

앞에서 플라톤과 아리스토텔레스의 정치철학을 살펴본 적이 있다. 아퀴나스는 모든 사상에 있어서 아리스토텔레스의 영향을 받았기 때문에 정치철학에서도 예외는 아니다.

그도 역시 아리스토텔레스처럼 인간은 정치적인 동물이라고 규정하고 있다. 인간은 결코 혼자 살 수가 없으며 타인과의 공동생활을 통해 살아가는 존재라는 것이다. 여러분이 무인도에서 혼자 살아가는 모습을 상상해 보았는가? 그러한 삶이 여러분을 편안하게 살아갈 수 있도록 하는가?를 상상해 보면 매우 슬플 것이다. 이처럼 혼자 살아갈 수 없는 정치적 동물이며 사회적 동물이라는 것이다.

따라서 우리는 반드시 공동체를 통해 삶을 영위할 것이며 여기에서 필요한 것이 바로 정치라는 것이다. 다시 말하면 정치를 통해 개인과 국가의 공동선을 실현하고자 했다. 따라서 우리가 공동체를 실현하기 위해서는 국가의 존재가 필요하고 이러한 국가의 목적을 실현하는 데 정치가 필요하다는 것이다.

이러한 정치를 하기 위해서는 법과 제도를 만들어서 공동체의 재산과 생명과 국가의 안위를 믿고 맡기게 된다는 것이다. 만약에 법과 제도가 없다면 어떠한 세상이 도래할까? 여러분은 상상해 보았는가? 이 순간에도 없다고 상상하면 우리는 어떠한 행동을 할까? 보지 않아도 뻔한 결과가 상상될 것이다. 이처럼 국가도 마찬가지이다. 이러한 법과 제도가 없다면 우리의 국가나 개인이 공동선을 실현할 수 있을까?

사람들은 공동선을 추구하기 위해 의사를 결집해서 사회적인 법과 제도를 위한 권력을 요청하게 되었고 이를 행사하도록 정치가 필요할 수밖에 없다는 것이다. 그러면 법과 제도는 누가 만들어야 하며 누구의 뜻에 의해 이루어져야 하는가? 아퀴나스는 사람들의 의사를 반영하여 만든다고 할 때 사람들은 신의 모습을 닮아가려는 성향이 있기 때문에 최고의 권력자는 신이라는 것이다. 이렇게 하면 공동선을 추구할 수 있다는 것이다. 따라서 군주는 신에게서 통치의 권한을 받았다고 볼 수 있으나 그것은 공동선을 위한 것일 뿐 절대 개인의 목적을 위해서는 안 된다는 것이다.

만약에 정치가 존재하지 않는다면 개개인과 국가는 어떠할까?를 상상해 보았는가? 물론 요즈음 대한민국에서는 정치인들이 우리에게 필요악이라고 개탄하고 있는 것은 사실이다. 이를 뒤집어 보면 정치하는 사람들의 자질이 문제이지 정치가 문제라는 것은 아니라는 말이다. 오늘날 대한민국을 짜증나게 하는 것은 정치가 잘못된 것이 아니라 정치를 바로 이해 못 하는 정치인이라는 것이다. 정치라는 것은 공동선을 행한다는 보편적인 원리라고 했을 때는 '가치어(價値語)'라는 것이다.

따라서 우리는 이러한 공동선을 추구하기 위해 누가 정치를 해야 하는가?가 매우 중요하다고 할 수 있다. 플라톤은 철인, 지혜로운 자를 선택했으며 아리스토텔레스는 어느 것이 좋다고는 말하지 않고 전제하기를 그 시대와 상황 그리고 해당국민에 대한 합의가 필요하다고 했으며 귀족주의와 민주주의가 가미된 중간계급이 정치를 해야 한다고 말했다.

그러나 아퀴나스는 국가의 정치체계를 군주제, 귀족제, 민주주의로 구분하였으며, 이것이 변질되어 전제정치, 과두정치, 우민정치가 등장했다고 말한다. 토마스 아퀴나스는 아리스토텔레스와는 달리 군주제를 선택하였다. 따라서 군주는 신의 뜻에 따른 법률과 제도를 만들었기 때문에 신의 위치에서 국가를 운영해야 한다는 것이다. 이것을 어긴다면 전제정치가 되어 국민을 핍박하고 자유를 억압하여 독재자가 될 수밖에 없기 때문이다. 신의 위치에 있는 국가는 그것을 용납하지 않는다는 것이다. 왜냐하면 국가와 신은 같은 위치에 있기 때문이라는 것이다.

토마스 아퀴나스는 쿠데타에 대해서는 어떤 생각을 가졌을까? 만약 신에게서 부여받은 정치권력을 개인의 목적을 충족하기 위해 사용한다면 어떠할 것이냐는 물음이다. 왕을 퇴출해야 하는 것일까? 아니면 그대로 왕을 옹립하며 살아야 하는 것일까?라는 문제이다.

그의 답은 간단하다. 참고 인내하며 견디는 수밖에 없다는 것이다. 왜냐하면 군주의 폭정을 참으며 인내하는 것이 또 다른 폭력을 막는다는 것이다. 다시 말하면 복수는 복수를 낳기 때문이며 또 다른 악순환이 계속되어 불행을 야기할 것이라는 것이다.

우리 사회에서도 이러한 일들을 수없이 보아왔기 때문이다. 이승만 정권의 부패와 악습을 보다 못해 국민투표로 민주당정권이 들어섰지만 정치개혁의 실패로 인하여 쿠데타의 발생과 보복정치는 계속해서 악순환되고 있기 때문이다.

국가 존립의 목적은 국민의 공동선을 실현하여 행복을 누리는데 있다고 본다. 그러나 아퀴나스는 권력자는 신에 의해 권력을 부여받았기 때문에 권력자를 중심으로 행하는 것이 아니라 교회에 의해서 이루어져야 하며 국가의 세속적 지배를 인정하면서도 동시에 초자연적 목적을 교회의 영역으로 삼고 있다는 것이다.

따라서 교회의 책임은 국가보다는 우선하고 각 나라의 왕은 교회의 영도자인 교황에게 복종해야 한다는 것이며 이것이 신학자들의 논리이다. 다시 말하면 중세에는 모든 것이 교회가 우선이며 신학이 최고의 우위를 누린다는 것이다.

### b) 토마스 아퀴나스에 반기를 들다. 둔스 스코투스(John Duns Scotus: 1265~1308)

프란시스 교단의 후기 대표자인 둔스 스코투스는 스코틀랜드의 록스버러셔에서 태어났으며 1291년에 사제로 임명되었고 옥스퍼드와 파리 대학에서 공부했다. 1300년경 옥스퍼드에서, 1302~1303년에는 파리에서 명제집을 강의했다. 1305년에 신학교수가 되었고, 1307년에 쾰른에 있는 프란체스코회 연구소에 보내질 때까지 그곳에서 가르쳤으며, 1308년 쾰른에서 죽었다.

그는 아퀴나스의 사상에서 많은 부분에는 동의를 하였으나 아퀴나스에 대한 혹평가 중 하나이면서도 독창적이고 적극적인 사상가였다. 그는 아퀴나스의 사상이 너무 주지주의(主知主義)라고 비판하면서 주의주의(主意主義, voluntarism)에 선 철학자이면서 신학자였다.

그는 아퀴나스와는 반대로 비결정론(indeterminism)을 주장했다. 신앙과 철학도 대립적으로 보았으며 그것들을 상하관계로 보지 않고 병행적 위치에 놓았다. 아퀴나스는 신의 본질(essence)을 '존재(being)'라 하였는데 스코투스는 '최고의지'(supreme will)라 했다. 아퀴나스와 스코투스 간의 신학적 차이에서 가장 중요한 점이 바로 이것인데, 스코투스가 하나님의 무제한적 자유를 강조하고 끊임없이 그것에 의존한다는 점이다.

스코투스에 의하면, 신의 의지는 결코 지성에 속박되어 있는 것이 아니며 절대적 자유를 가진다. 만약 신의 창조가 선의 관념에 의해 결정된 것이라면 신의 의지가 지성에 속박되는 것이며, 신의 무한성은 부정된다는 것이다. 선이 신의 의지를 결정하는 것이 아니고 오히려 반대로 신이 하고자 하는 것이 선이다. 이와 같이 신의 의지는 어떤 것에 의해서도 제약되지 않고 절대적으로 자유이기 때문에 이성에 의해서는 인식할 수 없다. 따라서 초이성적인 신의 의지를 내용으로 하는 신앙은 결코 합리적으로 설명할 수 없으며, 하나님을 알려고 할 것이 아니라 의지적으로 하나님을 사랑해야 한다는 것이다. 스코투스의 비결정론은 결국 신앙과 이성을 분리하는 입장에 도달하게 했다.

스코투스는 인간도 자유의지를 가진다고 했다. 인간이 자유의지를 가지고 있으므로 자기 행위를 결단할 수 있으며 자기 행위에 대하여 책임을 질 수 있다고 보았다. 원죄를 인정했지만 타락 후의 인간에게 의지의 결단이 남아 있음을 주장한 것이다. 스코투스는 인간이 자유의지를 가지기 때문에 각자가 서로 구별되는 개별적 존재가 될 수 있다고 했는데, 이러한 사상에서 근대적인 자유와 개성을 존중하는 경향을 볼 수 있고, 또 보편보다는 개체를 존중하는 유명론적 경향을 발견하게 된다. 이러한 스코투스의 사상은 스콜라철학 붕괴의 단서가 되었다. 이 때문에 스코투스를 쇠퇴기의 스콜라철학자로 분류하기도 한다.

### c) 학문의 자유를 부르짖은 윌리엄 오컴 (William of Ockham: 1280?~1347)

스콜라철학의 말기에 실재론을 부정하고 유명론을 주장한 윌리엄 오컴은 둔스 스코투스의 이론을 더욱 발전시킨 인물로 평가되고 있다. 실재론이라는 것은 인식의 대상(사물, 자연)이 인식작용을 일으키는 의식이나 주관에서 벗어나 그 자체로서 존재한다는 것이며 반대로 유명론이라는 것은 오직 개별자만이 현실적이며 일반자라는 것은 단지 우리의 관념 속에서나 존재할 수 있는 명목에 불과하다는 것이다. 가령 영자, 철수, 영희 등은 개별적 존재이며 이를 통칭하는 존재를 보편적인 개념으로 인간이라고 한다는 것이다. 따라서 실재론이라는 것은 여기에서는 보편적인 개념에 더욱 비중을 두는 것이며 유명론은 개별적인 존재에 더욱 비중을 두는 것이다.

영국 런던 주위의 서레이에 있는 오컴이라는 마을에서 1280~1290년 사이에 태어났다. 옥스퍼드에서 공부하던 젊은 시절에 프란체스코수도회 교단에 들어가 이 교단에 속한 좀 더 과격한 영성주의자들에게 합류했다. 1309(혹은 1310)년에 옥스퍼드에서 신학연구를 시작했고, 1319(혹은 1320)년에 이미 신학석사학위에 필요한 교수가 될 만한 공식적인 자격을 갖추었다. 그러나 대학총장인 존 러터렐에 의해 교리적인 오류를 저질렀다고 고소되었기 때문에 교사자격증이 보류되었다. 1324년 아비뇽에 소환되었으며 조사위원회가 임명되었다.

1324년부터 1328년까지 아비뇽에 있는 동안, 오컴은 프란체스코파의 청빈논쟁에 깊숙이 관여하게 되었다. 1328년에 교황이 그와 프란체스코수도회의 다수파 입장을 정죄할 것이 확실해지자 오컴은 아비뇽에서 탈출하여 뮌헨으로 가서 교황과 적대관계에 있던 바바리아의 루드비히(Ludwig of Bavaria)에게 보호를 요청했다. 바로 이곳에서 오컴은 교황을 이단으로 고소하는 네 편의 논문을 저술했다. 그는 단테와 더불어 교회의 권위나 구조에 관하여 전통적인 권위를 따르지 않았다. 그는 1340년대 말 유럽을 휩쓸었던 흑사병으로 죽었는데 이때에는 스콜라 신학의 붕괴뿐만 아니라 중세 황금기도 붕괴되던 시기였다.

11세기 이후 쇠약해졌던 유명론은 오컴이 나타나자 그 시대를 지배하는 사상이 되었다. 오컴은 각 학파들의 전문적인 특성을 능숙하게 다룰 줄 아는 인물이었고, 이면에 있는 보다 근본적인 문제를 감지할 줄 아는 인물이었다. 그는 13세기 이후 발달한 논리학을 연구하여 새로운 유명론을 전개했다. 그에 의하면 현실로 존재하는 것은 개체뿐이며 보편은 순전한 지적 개념으로서 다수의 개체를 표시하기 위한 기호에 지나지 않는다.

만일 보편이 실재한다고 하면 많은 사물 속에 똑같은 보편이 있게 되므로 유일한 것이 동시에 많은 사물 속에 있다는 결과가 된다. 그러나 이것은 불가능하므로 보편은 결코 실재할 수 없다. 따라서 참된 지식은 외적 · 내적 감각을 통한 경험으로 습득된다. 그런데 신학은 경험적 · 직관적 지식을 기초로 할 수 없으므로 학문적 지식과는 다르며, 신앙적 진리는 결코 이론적으로 증명할 수 없으므로 다만 교회의 권위에 의하여 신앙할 수밖에 없다고 했다. 오컴에게 있어 이성의 진리와 복음을 통해서 제시된 진리 사이에는 종합될 수 없는 깊은 간격이 있었다. 이성적으로 판단할 때 어리석어 보이는 십자가가 하나님의 지혜였던 것이다. 그러나 그가 신학에서 이성을 추방한 것은 아니었다. 이성은 자연에 대한 연구에, 신앙은 하나님에 대한 일에 제한했고 계시의 범위 안에 이성을 위치하도록 하였다.

오컴은 하나님의 '규정적인 구원계획'이라는 둔스 스코투스 교리의 지도적인 특징을 받아들였다. 이에 따르면 개인은 그 자신의 자연적인 능력이나 혹은 자유로운 의지에 의하여 도덕적으로 선한 행위를 성취할 수 있는데, 이 선한 행위는 '적합한 공로'에서 은총의 주입을 일으키고, 하나님은 다시 이 공로를 거룩케 하는 은총으로 보상해 주시기로 작정하셨다. 하나님께서는 자신이 제정하신 의지에 따라 최선을 다하는 사람들을 구원하시려고 하는데, 그것은 처음에는 자연상태 속에서 준 공로로서의 은혜를 획득함으로써, 그런 후에는 은혜의 속에서 충분한 공로로서의 구원을 얻음으로써 이루어진다. 바로 이것이 "하나님께서는 자신들 속에 있는 것을 행하는 사람들에게 은혜를 거부하시지 않는다."는 오컴주의자들의 격언의 의미이다.

그러나 오컴은 하나님께서 선택된 자들의 예견된 공로들을 고려하지 않고 그들을 영원히 예정하신다고 주장한 스코투스의 가르침을 거부함으로써 스코투스의 구원교리에 중요한 수정을 가했다. 간단히 말하자면 예정은 인간의 행위에 대한 하나님의 예지와 동일하다. 오컴주의자들은 이것이 인간의 자유와 위엄을 옹호하기 위하여 필요한 교리라고 여겼다. 그러므로 오컴에게 있어서 보편자는 오직 정신의 내용으로만 존재하며 많은 사물들을 상징하기 위하여 고안된 관례적 상징들인 인간의 언어 내에서만 작용한다.

오컴도 둔스 스코투스처럼 핵심적인 관심사는 기독교의 신학과 윤리를 그리스-이슬람적 숙명론, 즉 '올바른 이성'의 명령에 일치하는 행동을 하도록 속박되어 있는 하나님이라는 개념의 모든 흔적들로부터 자유롭게 하는 것이었다. 이는 추상적인 개념적 지식을 배척하고 개별적인 사물의 지각에 기초를 둔 경험적 지식을 강조하게 되었다. 따라서 신학은 경험적인 지식만을 가지고는 성립할 수 없기 때문에 신앙과 지식은 철저히 분리되어야 하며 학문의 자유와 철학은 신학에서 벗어나 철학의 고유한 임무에 충실할 것을 주장하였다.

오컴의 사상을 정리하면 다음과 같다.

첫째는 학문하는 데 있어서는 "설명하는 데에는 최소한 필연적인 것 이상의 것을 가정해서는 안 된다."라고 하면서 이는 검증할 수 없는 가설을 가지고 경험적인 사실들을 설명하는 것은 불가능하기 때문에 확실히 알아볼 수 없는 것들을 명백히 하여야 하며 올바른 것을 선택하는 경우 단순한 가설들로 삼아야 한다는 것이다.

둘째는 계시신학이라는 것이다. 말하자면 하나님에 대한 존재는 어느 것이나 증명할 수 없으며 단지 믿어진 명제라는 것이다. 이는 증명할 수 있는 것은 어디에도 없으며 이성에 의해서 논증되지 못한다는 것이다. 예를 들면 하나님이 있다고 무조건 교회에 가자는 식이며 하나님이 어디에 존재하며 어떻게 증명하느냐는 것은 아니라는 것이다. 그것은 일반인과 교화사람들의 관점의 차이라는 것이다. 따라서 신학은 계시이며 이성은 철학의 영역이라고 분명히 하였다.

셋째는 추상적 개념을 버리고 경험적인 지식을 중시하였는데 보편적인 지식을 버리고 개별적인 지식을 말하는 것으로 결국은 보편자를 부정하고 개별자를 중시한 유명론을 주장했다. 다시 말하면 보편이라는 것은 많은 사물의 이름에 불과하다는 것이며 현실에 실재하는 것은 개별자(개체)라는 것이다.

따라서 신학(혹은 신앙)이라는 것은 경험적 지식으로 구성되어 있지 않은 추상적인 개념이며 이러한 것들은 논증이 불가능하다는 것이다. 이것은 교회와 성서에 의해서 참과 거짓이 구분될 수밖에 없는 계시신학이라는 것이다. 이와 같은 연유로 신앙과 지식은 분리해야 하고 신앙은 본래의 길로 가야 하며, 학문은 교회의 구속에서 벗어나 진리의 세계로 가야 서로가 보호받을 수 있다는 것이다.

이처럼 오컴의 주장은 스콜라 철학자로서 교회의 구성을 수호하기 위한 것이었지만, 그것은 지식과 신앙을 분리시켜 신앙의 합리성을 추구했던 스콜라철학 본래의 사명을 근본적으로 부정하는 결과를 가져오게 했고, 결국 스콜라철학은 붕괴하고 말았다.

이로써 '철학은 신학의 시녀'라는 말은 더 이상 통용되지 않았다. 이러한 보편논쟁은 유명론의 승리로 완전히 끝나는 계기가 되었으며 이로써 오컴의 경험적 지식에 대한 강조나 하나님의 자유에 대한 강조는 17세기 근대과학의 태동에 도움을 주었으며 종교개혁사상의 전주곡 역할을 하게 된다.

### d) 아벨라르두스(Abelardus: 1079~1142)

아벨라르두스는 1079년 낭트 근처인 브리타니에서 귀족가문 출신으로 태어나 1142년에 세상을 떠났다. 그의 아버지는 강한 학문적 성향을 지녔고, 후에 그의 양친은 모두 수도원에 들어갔다. 아벨라르두스는 어릴 때부터 향학열에 불타올랐고 신앙적 분위기에 휩싸여 자랐다. 그는 파리에서 철학과 신학으로 명성을 얻었다. 처음에는 이단자로 정죄된 신학자 로스켈린(Roscellin)에게 유명론을 배웠고 쌍뽀의 윌리엄(William of Champeaux)에게서 실재론을 배웠다. 그는 실재론과 유명론의 중립적 입장에서 "보편은 개별적 대상 안에 존재한다"고 했으며 20세의 나이에 이미 스승과 필적하게 되었다.

그의 사상은 아리스토텔레스와 같은 입장인데, 그는 아리스토텔레스의 논리를 사용하여 계시와 신학 전통을 설명하고 검증했다. "나는 믿기 위해 이해한다(intelligo ut credam)"고 선언했던 그는 스콜라철학자 중에서 가장 자유롭고 대담한 사상가였으며 윤리학과 신학을 동일시하던 그 시대에 처음으로 윤리학을 독립된 학문으로 다루었던 사람이었다.

아벨라르두스에게는 논적들이 많았다. 특히 사람들의 비위를 거슬렸던 것은 당시 인정받는 대논리학자로서 논리학 대신에 신학을 선택했기 때문이었다. 1121년에 쑤아송(Soissons)에서 이단으로 몰렸고, 1140년에는 쌍스(Sens)에서 베르나르의 주도하에 정죄되었다. 그 이유는 그의 삼위일체론, 구속론, 자유의지론, 원죄론에 문제가 있다고 생각되었기 때문이다.

아벨라르두스는 가톨릭 전통에 순응하면서도 이성의 능력을 내세우는 합리주의자였고, 유명론 계통의 삼신론을 거부하고 군주신론, 나아가서는 양태론적인 신론을 지향했다. 베르나르는 교회의 권위층을 등에 업었기 때문에, 아벨라르두스가 로마에 상소했으나 교황으로부터 정죄를 확인받고 말았다. 그는 출교당했고, 그 후 클루니(Clouny)수도원 안으로 피난하였다가 1142년에 죽었다.

그는 영적으로 심오하기보다는 철학적으로 섬세했다. 두 번씩이나 정죄를 당하고 유명한 사람들에게 적대시되었기 때문에 직접적인 추종자는 거의 없었지만, 간접적으로 당대에 지대한 정신적 영향을 끼쳤다. 특히 그가 안셀름의 방법을 심화함으로써 변증법적 신학 연구방법에 준 충격은 심대한 것이었다. 파리와 그 대학교가 논리학과 신학에서 유럽의 지적 여왕이 된 데에는 12세기의 다른 어느 파리 교사보다 그의 영향이 컸다. 기독교 교리 전체를 조망하려는 그의 노력과, '조직적' 신학을 위해 잡아놓은 윤곽들은 스콜라주의 초기의 개별적 '질문들'과 13세기의 위대한 '종합' 즉 포괄적인 조망 간에 중요한 다리로 서 있다.

(1) 「Sic et Non」(Yes and No: **긍정과 부정**)

긍정과 부정은 회의적인 방법론의 일종으로서 그의 신학방법을 말해주는 대표작이다. 초보자를 위하여 저작된 것으로서, 윤리와 신학에 관하여 성경과 초대 교부들과 다른 권위자의 글에서 명백하게 모순되게 보이는 글들을 뽑아 나란히 기록했다. 이는 그들의 권위를 떨어뜨리기 위함이 아니라, 이성이 대립하는 권위들을 화해시킬 만한 중재자로 간주했기 때문이었다. 그에게 있어서 신앙은 이성과 협조적인 관계에 있다. 그는 이 책의 서문에서 "회의에 의해서 우리는 탐구하게 되고, 또한 탐구에 의해 진리에 이르게 된다"고 말했다.

(2) **윤리학**

그의 윤리학은 "도덕의 본질은 의지의 결정에 있다"고 요약할 수 있다. 의지의 결정에 의하지 않은 행동은 도덕적 평가를 내릴 수 없으며 의지를 결정시키는 것은 양심이니 양심에 따른 행위는 그 결과에도 불구하고 선하다고 주장했다.

(3) **속죄론**

도덕감화설이라 불리기도 한다. 그는 예수 그리스도에 의한 만족이 꼭 필요하다고 하는 안셀무스의 입장을 거부한다. 그는 하나님께서는 그리스도께서 오시기 전에 죄를 용서하셨다고 보았다. 사죄가 은혜의 행위라면 그것은 값없이 주어져야 하고 죄에 대한 배상을 필요로 하지 않는다는 것이다.

아벨라르두스는 하나님은 사랑이시기 때문에 인간의 죄에 의해서 야기된 고통의 짐을 스스로 걸머지셨다고 주장한다. 이와 같은 하나님의 은혜의 행동이야말로 인간의 마음속에 하나님에 대한 감사와 사랑을 불러일으킨다는 것이다. 또한 그는 어거스틴이 주장하던 원죄론을 거부하고 죄란 행동보다 동기에 있다고 보았다. 인류는 아담의 죄로 인하여 아담에게 해당하는 형벌을 함께 받을 뿐이지만 인류는 그의 선행과 하나님의 은혜의 합작으로 이 형벌을 피할 수 있는 것으로 보았다.

인간이 죄로 기울어지는 연약성을 갖고 있는 것은 분명하지만 이 연약성 자체가 인간에게 죄책감을 갖다주는 것은 아니라고 주장했다. 왜냐하면 인간은 선에로의 성향도 소유했다고 보았기 때문이다.

### e) 피터 롬바르드(Peter of Lombard: 11세기 말~1160)

밀라노의 서쪽 롬바르드의 노바라 출신이었다. 볼로냐에서 교육을 받았고, 1140년 직전 파리에 가서 대성당 소속 학교에서 가르쳤으며, 생애 말년에 가서 잠시 동안 파리의 대주교가 되었다. 아벨라르두스에 대해서 비판적이면서도 그로부터 영향을 받았다. 그는 중세기 동안 서유럽에서 조직신학 교과서로 사용된 『Sententiarum Libri Quatuor』(신학 명제들에 관한 네 권의 책)의 저자로 널리 알려졌다. 그래서 명제집의 대가(the master of sentences)라고도 불린다. 첫 권에서는 하나님, 그의 본성, 삼위일체, 그의 속성 및 예정론을 취급하고, 제2권에서는 천사, 자유의지, 구속의 필요성에 대해서 논하고, 제3권에서는 그리스도를 통한 구속사역을 논하는바 그리스도께서 인간에 대한 사랑뿐만 아니라 신앙과 소망도 가지셨는가의 문제, 곧 그리스도의 인성문제를 다루었다. 성령의 열매와 7주덕에 대한 것도 포함되어 있다. 제4권은 성례전과 종말론에 대해서 취급했다. 이 책들의 특징은 각 주제에 해당하는 신학적 명제들을 가톨릭교회가 존경하는 교부들의 글에 의해 구축했다는 점이다. 각 주제마다 교리적 명제 또는 질문을 제기하고, 성경, 교부들, 교회 공의회의 법령들로부터 추려낸 명제들에 대한 찬론과 반론을 제시한 다음, 쟁점에 대해 판단을 내렸다. 인쇄술이 나오기 전이라 책을 구하기 어려웠던 당시, 신학 교사들과 학생들에게는 성경과 피터의 이 조직신학은 꼭 있어야 할 교본이었다.

# 참고 문헌


강대석, 『그리스철학의 이해』, 한길사, 1987.
강성률, 『청소년을 위한 서양철학사』, 평단, 2017.
강성률, 『2500년간의 고독과 자유』, 형설출판사, 2005.
강성률, 『철학의 세계』, 형설출판사, 2006.
강성위, 『서양철학사상』, 이문출판사, 1983.
강영계 편저, 『철학의 흐름』, 제일출판사, 1987.
강영계, 『철학의 이해』, 박영사, 1994.
곽준혁, 『정치철학 다시보기』, 민음사, 2016.
김두현, 『서양윤리학사』, 박영사, 1988.
김병식 외, 『과학사』, 학연사, 1986.
김재홍, 에픽테토스 『담화록』, 서울대학교철학사상연구소, 2006.
김태길, 『윤리학』, 박영사, 1991.
남 청, 『철학』, 법문사, 1993.
대한철학연구회, 『철학개론』, 학문사, 1992.
박찬구, 『개념과 주제로 본 우리들의 윤리학』, 서광사, 2014.
박규철, 『그리스 로마 철학 이야기』, 동과서, 2011.
박선목, 『서양윤리학의 흐름』, 세진사, 1986.
박영규, 『생각박물관』, 성안당, 2011.
박홍규, 『소크라테스 두 번 죽이기』, 픽맥출판사, 2005.
박진규, 『아리스토텔레스의 실천적 지혜』, 서광사, 1988.
박종홍, 『철학개설』, 동양출판사, 1961.
박태훈, 『서양윤리사상사(I)』, 이문출판사, 1987.
브리태니커 백과사전, 『서양철학사』(http://premium.britannica.co.kr/)
배석원, 『도덕과 종교』, 이문철판사, 1988.
소광희 외, 『철학의 제 문제』, 지학사, 1983.

소원주, 과학교사의 과학철학적 관점과 과학 서술 방식이 중학생들의 과학의 변화에 미치는 영향, 한국교원대학교 박사학위논문, 1998.
손윤락, 아리스토텔레스의『정치학』에서 국가와 시민 교육, 서양고전학연구, 48, 2012.
신득렬,『교육철학』, 학문사, 1883.
신득렬,『교육사상가 연구: 소크라테스, 플라톤, 아리스토텔레스』, 계명대출판부, 1984.
신득렬,『교육사상가』, 학지사, 2000.
안광복 저,『처음 읽는 서양 철학사』, 어크로스, 2017.
아리스토텔레스, 천병희(역),『정치학』, 숲, 2009.
아리스토텔레스, 조대호(역),『형이상학』, 도서출판 길, 2017.
엄정식,『지혜의 윤리학』, 지학사, 1986.
이동희 · 고중세 편,『세상에서 가장 흥미로운 철학 이야기』, 휴머니스트, 2010.
이병담,『아리스토텔레스의 신학의 성격에 관한 연구』, 범한철학, 20, 1999.
이석호,『고대 · 중세 서양윤리사상사』, 철학과현실사, 2009.
이석호,『인간의 이해』, 철학과현실사, 2001.
이위환 · 송유진,『교육철학 및 교육사』, 창지사, 2017.
이윤기,『이윤기의 그리스로마 영웅열전』, 민음사, 2011.
이진경,『철학과 굴뚝청소부』, 그린비, 2001.
임태평,『플라톤철학과 교육』, 교육과학사, 2000.
영남철학회,『위대한 철학자들』, 미문출판사, 1984.
윤길근 외,『교육철학 및 교육사』, 양서원, 2018.
정진일,『위대한 철인들』, 양영각, 1988.
전재원,『생의 윤리학에 적용한 아리스토텔레스의 윤리학적 탐구방법』, 철학논총, 80, 2015.
전재원,『아리스토텔레스의 자연 개념』, 철학논총, 75, 2014.
전헌상,『아리스토텔레스 형이상학』, 도서출판 관악, 2006.

차하순, 『새로 쓴 서양사 총론』, 하권, 탐구당, 2007.
최명관, 『철학개론』, 법문사, 1981.
최명관 · 곽신한, 『철학개론』, 창, 2014.
최민홍, 『서양철학사상』, 집문당, 1989.
최재희, 『서양윤리사상사』, 서울대출판부, 1984.
최재희, 『서양철학사상』, 삼신출판사, 1983.
카톨릭 교재편찬위원회, 『젊은이들을 위한 철학』, 이문출판사, 1988.
철학교재편찬회, 『철학개론』, 형설출판사, 1991.
하기락, 『서양윤리사상사』, 형설출판사, 1989.
한국철학사상연구회, 『철학의 명저』, 새길, 1993.
한단석, 『서양철학사』, 박영사, 1981.
고우다 레츠 지음 · 이수경 옮김, 『간단명쾌한 철학』, 시그마북스, 2010
로버트 L. 애링턴 지음 · 김성호 옮김, 『서양윤리학사』, 서광사, 2003.
버트런드 러셀, 『러셀 서양철학사』, 을유문화사, 2009.
새뮤얼 이녹스텀프 · 이광래 옮김, 『소크라테스부터 포스트모더니즘까지』, 열린책들, 2003.
아우렐리우스 저, 천병희 역, 『명상록』, 숲, 2005.
오가와 히토시 지음 · 홍성민 옮김, 『인생이 묻고 철학이 답하다』, 떠남출판, 2011.
요하네스 휠쉬베르거 지음 · 강성위 옮김, 『서양철학사(상권) · 고대와 중세』, 이문출판사, 1996.
B. 러셀, 최민홍 역, 『서양철학사』(A History of Western Philosophy), 집문당, 1980.
H. J. 슈터락히, 임석진 역, 『세계철학사』(Geschichte der Philosophy), 분도출판사, 1981.
I. F. 스톤, 편상범 · 손병석 역, 『소크라테스의 비밀』, The Trial of Socrates, 자작아카데미, 1996.
W. 바이셰델, 이기상 · 이말숙 역, 『철학의 뒤안길』, 서광사, 1990.

## 저자약력

### 김숙복

강원도 삼척에서 출생하여 고등학교를 마치고 대구에 소재한 계명대학교 사범대학 교육학과와 동 대학원 교육학과에서 교육철학으로 석, 박사과정을 수학하였다.

그리고 동 대학에서 처음으로 교육학 강의를 하였고, 가톨릭상지대학, 계명문화대학교, 대경대학교에서 강의한 후 현재는 경북과학대학에서 겸임교수, 창원문성대학교 간호학과에서 초빙교수로 철학을 강의하고 있다.

또한 예비교사들을 위한 교직과목을 주로 강의하며 저술활동을 준비하고 있다.

저서로는 학교폭력의 예방과 대책, 생명존중을 위한 자살 예방론이 있으며, 논문으로는 R.S. Peters교육철학에 있어서 자유와 교육, 다산 정약용의 교육사상연구, 조선후기에 있어서 실학과 교육 등이 있다.

저자와의
합의하에
인지첩부
생략

# 고대, 중세로 떠나는 서양철학사

2019년 2월 15일 초판 1쇄 인쇄
2019년 2월 20일 초판 1쇄 발행

**지은이** 김숙복
**펴낸이** 진욱상
**펴낸곳** (주)백산출판사
**교 정** 편집부
**본문디자인** 구효숙
**표지디자인** 오정은

**등 록** 2017년 5월 29일 제406-2017-000058호
**주 소** 경기도 파주시 회동길 370(백산빌딩 3층)
**전 화** 02-914-1621(代)
**팩 스** 031-955-9911
**이메일** edit@ibaeksan.kr
**홈페이지** www.ibaeksan.kr

ISBN 979-11-89740-12-2 13160
**값 15,000원**

* 파본은 구입하신 서점에서 교환해 드립니다.
* 저작권법에 의해 보호를 받는 저작물이므로 무단전재와 복제를 금합니다.
이를 위반시 5년 이하의 징역 또는 5천만원 이하의 벌금에 처하거나 이를 병과할 수 있습니다.